へるす出版新書
003

かかわりの途上で

こころの伴走者、PSWが綴る19のショートストーリー

相川章子・田村綾子・廣江　仁
Aikawa Ayako　Tamura Ayako　Hiroe Jin

HERUSU SHUPPAN

かかわりの途上で―こころの伴走者、PSWが綴る19のショートストーリー●目次

はじめに　ＰＳＷという生き方、仕事の魅力を伝えたい

私たちは、ソーシャルワーカーという職業を選び働くうちに知り合った三人です。

そもそも、ソーシャルワーカーは日本ではメジャーではありません。

なかでも、私たちＰＳＷ（Psychiatric Social Worker）が支援の対象とするのは、いわゆる「精神障害者」と呼ばれる人たちであり、最近でこそ、こころの問題やメンタルヘルスに社会的関心が高まっているものの、大学を卒業し就職した頃は、危険な仕事じゃないの？　とか、えらいですねえなどと、見当違いなことも言われたものでした。

日常生活で、「精神障害者」と触れ合う機会を持たない人は多いことでしょう。そのために、社会であまり知られていない人々を、社会福祉というつかみどころのない学問を根拠に支援するという、まったくもってよくわからない職業がＰＳＷだったのだと思います。

本書の主人公は、そんな、ＰＳＷたちです。

「仕事の中身がよくわからない」

「カウンセラーとは違うの？」

と、よく言われます。

そして、日常的にやっていることを見ると、誰にでもやれそうなことなのです。なにしろ、ゆっくり話を聞くとか、一緒に手作業やスポーツをする、買い物や散歩に同行する、料理を一緒に作る、といったことです。そこだけ見れば、ボランティアのおばさんや、隣のお兄さんにもできることです。

電話相談や訪問、面接相談の場面ともなれば、専門職らしくも見えるのでしょうが、それだって、医師や臨床心理士と違う専門性をはっきり理解してもらうのはたやすいことではありません。

私たちが大切にしていることはとても理念的なことであり、その意味では理念型の職業だと言ってもよいかもしれません。ところが、ＰＳＷの理念を言葉で説明しようとすると、「頭でっかち」と言われてしまうこともあります。

もちろん、「援助技術」とされるものを活用するわけですから、理念のみで成り立つことはありません。ただ、ＰＳＷしかやってはいけない『業務』はないのです。
それだけに、行動や動作としては同じことをしていながら、その心情や信念に、私たちはＰＳＷらしさを持っていたいと願い、努力し、反省を繰り返しています。

そんな「らしさ」を目に見えやすく表現しようとしたのが、本書の十九編からなる物語風エッセイです。
一つひとつのエピソードに登場する方たちから、私たちは多くの影響を受けてＰＳＷとして成長しています。そして、その人たちとのかかわりで、私たちが何を感じ、どうしたかったのか、その思いはどういう信念によるものだったのか、また言いたくても言えなかった気持ちや、仕事上は黙ってこらえた感情を、惜しみなく表現してみました。

それは、私たちにとって、あまり馴染みのある作業ではありません。しかし、教科書などに書かれるＰＳＷの実践の裏に隠され、普段は記録に残らないＰＳＷの日常の一片を、ここではつまびらかにしています。

ところで、本書を編んだのはＰＳＷとしての仕事上、私たちが出会った方々の生活や喜び、やるせなさや現実を紹介することが目的ではありません。登場人物の皆さんには、あくまで「脇役」として登場していただきます。

本書は、いわゆる「事例集」ではないのです。ＰＳＷとはどういう職業で、何を大切にし、何を思い願って仕事をしているのか、その本音を聞いてください。

三人のＰＳＷが書いた全編を読み通していただいた時、読者の前に、自ずとなにがしかの「ＰＳＷ像」が浮かび上がることを期待しつつ――。

＊本書では、登場人物のプライバシーに十分配慮し、仮名を付けて個人が特定されないよう一部加工を施してあります。

●読者への注——「PSW」という呼称について

本書では自分たちの職業を「PSW」と呼称している。これは、Psychiatric Social Workerの頭文字を取ったもので、業界では古くから慣れ親しまれている通称である。医師を「ドクター」と呼ぶほどには一般に定着していないが、精神科病院などでは正式名称はわからなくてもPSWで通じる程度には浸透している。横文字が日本語に訳されず、英語の頭文字だけを取って定着した職業というのは、少しカッコイイかもしれない（だろうか?）。

この職業は、日本では戦後まもなくから、主にアメリカで学んだ精神科医などの影響によって、一握りの精神科病院には導入されていた。そして、徐々に増えてきたのは、昭和三〇年代から、国の政策によって精神科病院が爆発的に増加したことに関係している。そこでは、主に入院患者の治療の仕上げを手伝う役割として、社会復帰のための訓練や家族との連絡などを担っていた。

ところで、このPSWが一九九七（平成九）年に国家資格となったことはご存じだろうか。別の言い方をすれば、それ以前は〝資格のない職業〟として実態を重ねてきたということである。日本語での職業名がなかったのは、正式な資格ではなかったからかもしれない。

この国家資格を「精神保健福祉士」という。

長い名前である。

正確な数字はわからないが、この資格で働く仲間は全国に一万人を超えているだろう。

細かい話をすれば、頭文字を取った「ＰＳＷ」と、今の国家資格である「精神保健福祉士」の意味は少し違う。これは時代の変遷に合わせて、仕事内容が発展してきたことを示すとも言える。いずれＰＳＷという通称は消え、国家資格名称の定着する日がくるだろう。

その日のくるのを願いつつ、本書では敢えて昔ながらの呼称「ＰＳＷ」を使うことにした。私たちが三人とも、いわゆる「ＰＳＷ世代」だからである。

もう一つ、本書では「患者さん」という呼び方にこだわった。病院では、そこの利用者は「患者」と呼ばれる。一般名詞に「さん」を付けるのはおかしいし、最近の病院では「患者様」という呼び方が主流になっている。

しかし、私たちが「患者さん」という時、それはこの人たち一人ひとりを、人格を持った「人」として尊重したい、病気を負っているが元気な部分もある「人」として見つめ、向き合いたいという信念を表現しているのである。

これも、私たち三人のこだわりの一つとして、ご理解いただきたい。

I 序章

プロローグ

祭り太鼓

巡る年中行事、変わらない顔ぶれ

毎年夏になると、病棟から炭坑節や東京音頭が聞こえてくる。納涼会の準備で、患者さんたちが盆踊りの練習をするためだ。

毎年毎年、かかるのは同じ曲――。去年も練習したから、とっくにうまく踊れる人もいる。

「今更、練習なんかしなくったって、いいよ」

そっぽを向く人もいる。

そう言えば、去年も一昨年もこの人は参加していた。いや、確か十年前も、踊りの輪の中にこの人の姿はあった。

羊の群れが同じ場所をぐるぐる回るように、年中行事は巡ってくる。

そして、参加者の顔ぶれの半数以上に変化がない。つまり、それだけ多くの人が、長年入院生活を送っているということだ。ＰＳＷである私は、この中のいったい何人の社会復帰を支援できるだろう。

病院の周辺は随分、風景が変わった。目の前の道が舗装され、車の往来も増えた。近隣には建て売り住宅が並び、若い親子連れも花火や出店を目当てに納涼会へやってくる。

「あそこは精神病院だから、行ったら危ない」

「悪いことをしたら、あの病院へ入れちゃうよ」

そんな言葉で子どもを育てたこの地域も、今はだいぶ様子が変わった。

今、私は盆踊りの輪の中心に組まれた櫓《やぐら》の上で、祭り太鼓を叩いている。

毎年のように一緒に太鼓を叩いた萩尾さんを思い出しながら——。脂ぎった五十代の、黒光りする額に汗をびっしり浮かべ、少しリズムも外しながら叩いていた姿だ。

萩尾さんから、私はたくさんのことを教わった。

新人だった私に、当時の萩尾さんは重荷だった。薬を飲みたがらず、退院しては家族に暴力を振るい、隣近所の親族に両腕を抱えられて再入院を繰り返す。

短気で粗暴な萩尾さんに向かうのは、若かった私には勇気が要った。要求が通らなければ、何を理詰めで説明しても激昂するばかりで、看護師が止めに入ってくれなければ殴られていたかもしれない。

せっかくまとまりかけた話も、本人の短気のせいでフイになった時は、「もう知るか！」と泣きたい気持ちだった。

萩尾さんの退院までの道のりを思い返すと、長くて、短かった。

「現実を共にする」歩みへ

萩尾さんの親族は、退院に向けた協力依頼に、相当な難色を示した。話し合いのために来院してもらうだけでも一騒動だった。最後は喧嘩腰になって来院を要請した。

あの頃、私にとって長期入院者の家族は敵だった。

が、喧嘩腰の結果は思わしくなかった。

「退院なんかさせたら、また暴れて大変だ」「やっと入院させたんだから、そのまま預かってほしい」「すっかり治ったわけじゃないんだろう?」「あいつの言うことなんか、放っておいてくださいよ」

と、最後は懇願もされた。

新人の私は、患者さんが退院したいと言ったら、とにかく家族に承知してもらって受け入れてもらう、その交渉をいかにうまくできるか、ということばかり考えていた。

「先生の診断では、もう入院治療は必要ないんです。こうした閉鎖的な環境に長期間置いておけば、患者さんは世間から取り残されてしまいます。病院でも人権上の問題もあって、ご本人が退院したいと言うのを無視することはできません。今は法律も変わって、患者さんの人権擁護も社会復帰支援も、きちんと行わなければならないのです。デイケア*や訪問

* デイケア:主として医療機関において外来治療の一つとして実施されるプログラムで、退院直後や、社会参加を目指して生活に一定のリズムをつけるなどの目的で利用される。グループによる各種プログラムを通して対人関係改善や社会生活のスキルを獲得する。

看護もありますから、ご家族だけがお困りになることはありません」

私は、いつもまくし立てた。家族をなんとか『説得』しようとしていたわけだ。

その後、私は、数多くの退院支援を通じて、次第に『説得』という手段をとらなくなった。

家族の苦労話にもじっくり耳を傾け、並々ならぬこれまでの苦労から、患者さんとの暮らしを拒否するお気持ちもごもっともです、とこころから共感した。

そのような仕組みしか作ってこなかったこの国と、私たち専門職の責任を覆い隠して、家族にだけそれを求めるのはお門違いというものだ。

したがって、患者を引き取りたくないという家族に無理強いするよりも、イエスかノーかをはっきりしてもらい、ノーなら家族の協力はないものと思う。

本人と共にその現実からスタートして、どうするか考えるというのが、私のスタイルになっていった。

本人の頑張る姿、その現実を見れば家族の気持ちもまた変わる。そうした、時の流れと人のこころの変化を、その時々に察知できればいい。常に目の前にあるのは「現実」だ。

家族のことに限らず、これは私のかかわりの鉄則だ。いつも本人を取り巻く現実を共に受け止める、そして、どう生きていきたいか、とりあえずのゴール探しを共に歩む。

たとえば、彼らの新しい暮らしのイメージづくり、この入院生活からの脱出方法や、何が好きで何が嫌いかを実感し、言葉にし直す作業、不安の元を見つけてはその膜を剝がしつつ、一歩ずつ前に踏み出す、そんなプロセスを一緒にする。

PSWという仕事を、自分という人間を活用して彼らに提供する時、そこにはさまざまな葛籐が生じる。そして、葛藤を自信や希望に変えてくれたのは、いつも彼ら自身の力強さや優しさだった。

そのことに励まされて、私は彼らとのかかわりを続けてきたし、PSWとして成長させてもらっていると思う。

華やかなお祭り騒ぎをよそに

盆踊りは、炭坑節にいちばん人気がある。これが二回続けてかかると、いったん休憩の合図だ。

踊りの輪がさーっと崩れ、周囲に散っていく。

納涼会での人気の一つは、お菓子や焼きそばの出店だが、特に氷菓子には患者さんの列も伸びる。その間に近所の子どもを連れた若い母親も並ぶ。これは端で見ていても面白い。

最近は小学校でも「総合学習」なる時間があって、数人の子どもたちが病院見学を希望し、突然やってきては、看護師さんのお仕事を教えてください、なんていうこともある。

一度、クラス全体でお年寄りの病棟でボランティアをさせてほしいという希望があった。

そこで、担任教師に老人病棟だけでなく、精神疾患で入院中の皆さんの病棟にも対象を広げる提案をしたところ、「精神障害はちょっと……」「父兄の反応が心配」という答えがまず返ってきた。

しかし結果的には、このクラスは卒業までの三年間、何度か病院にやってきては学芸会の出し物を見せてくれた。その頃デイケアのメンバーだった萩尾さんも、ニコニコして子どもたちを相手に工作を教えたり、歌を歌ったりして交流していた。

そして、その中の子どもたちが今日の納涼会にもやってきて、ヨーヨーづくりなどを手伝い、綿菓子を舐めている。

その場に居合わせてしまえば、綿菓子をもらうのに、健常者も障害者もないのだ。

盆踊りの合間を待って、出店に積極的に並んでお菓子をもらおうとする人とは対照的に、決まった席からじっとして動こうとしない患者さんもいる。

ハッピや浴衣を着せられ、病棟から連れ出された彼らは、じっと前を向いているばかりで、楽しいのかどうか表情から読み取ることは難しい。

さらに、世の中の出来事に対する興味をどこかに忘れ去った人たちは、今この時も、目と鼻の先の華やかなお祭り騒ぎをよそに、病棟内で、いつもの廊下にしゃがみこみ、あるいはすでにベッドに入ってしまっているだろう。長年、精神科病院に居続けさせられた人々の目には、何もかもがモノクロになってしまうようだ。

なかには、病棟の窓から踊りの輪をのぞき込む顔も見える。

来年は彼女も納涼会に出られるだろうか、いや、そんなことより、退院していてほしいと願う。家族との縁も切れて久しく、帰る家さえ持たない彼女たちのため、私にできることは何だろう。

「訓練」という名の入院継続

農家の長男である萩尾さんは、帰る家を持っていた。

しかし、入院中に年老いた父親が亡くなり、病院側もこれまでのように「家族がいいと言ったら退院していいよ」とは安易に言えなくなった。家はあっても、一人暮らしができないようでは、おいそれと「どうぞ退院です」とは言いにくい。

これは意見の分かれるところだ。

病院は医療を提供する場なのだから、入院治療が終わったら退院となる。今の大学病院など、みなこのスタンスだ。手術をし、リハビリテーションの途中であっても「治療は終わりました」と平気でチューブだらけの体を在宅へ移す。

しかし、精神科病院というところは、歴史的に「入院治療の終わった患者さん」をたくさんお預かりしておく場になっている。

殊に家がないとか、家族と縁が切れた、食事が作れないといった、本来の医療とは関係のない理由で「入院継続」に意味を持たせてしまう。一見おかしな話である。

しかし、こうした人々を、ただただ「入院治療は済みました」と放り出してしまったら、いちばん困るのはやはり帰された患者さんの方であろう。

いきおい、私たちは「リハビリテーション」の名の下に、彼らの長期入院を助長しながら、そこに意味を持たせようとさまざまなステップを設け、その梯子を登らせようと、時にこちらが躍起になる。

ある時、退院の話をしつこく繰り返していた私に、親族の一人がうんざり顔で言った。

「一人でも暮らせるように、病院で訓練してもらえませんか」

これは、退院に向けた家族との話し合いで、お決まりのセリフの一つだった。

なぜかこの一言で、決着がついてしまう。退院できないわけじゃない、しばらく病院で訓練することは、退院に向かうステップの一つだからだ。

萩尾さんの梯子の一段目は、自炊だった。

と言ってもとりあえずお米を研いで、ご飯が炊け、ガスの火を使ってみそ汁くらい作ればよい。しかしこれが、経験のない人にはとてつもなく高いステップになってしまう。

私は看護師や作業療法士、他の患者さんとともに料理教室に参加しながら、彼の手元を注視した。

ガスの火をつけられるか、つけたらその場を離れずにいられるか、手元がふるえて危険ではないか、水道の蛇口を捻りっぱなしにしていないか。味は二の次だ。そして、萩尾さんが今まで自宅で、それなりに自炊をしていたことを確かめた。

一段目は簡単にクリアした。

私は家族に対する説得材料を一つ手に入れた気分だった。

退院のための「ステップ」は、いくつも踏まねばならない。狭義の「医療」ではないにもかかわらず、病院はそのための方策を幾重にも用意することになる。その先陣を切って私たちPSWが勧めることの一つが「院外作業訓練」だった。

萩尾さんは文字どおり、この〝訓練〟を二年間も行った。

当時、まだ世間はバブル崩壊後のダメージをさほど受けておらず、家内工業的な小さな町工場は、一日二千円という低賃金で、病院と契約して入院患者を雇用することを厭わなかった。むしろ、社長自ら当院に、そうした患者さんはいませんか、と尋ねてきたこともあるくらいだ。

萩尾さんに、この「院外作業訓練」を導入したのは、彼が「仕事をしたいよ」と繰り返したためであるし、親族もそれを切望した。萩尾さんと私は、早く一人前を証明したかったし、親族側は、簡単に退院させないため、というまったく相反する理由からだったのだが。

萩尾さんは、中学を出て以来、家業の農家をぼちぼち手伝っただけで、二十歳前で発病後は仕事らしい仕事をしたこともなく入退院を繰り返し、五十歳に近づいていた。

そんな彼に私が用意できたのは、病院近くの工場での流れ作業だった。

プラスチックの小物を袋詰めし、最後に箱に納めて封をし積み上げる、彼はこの工程の最後を元気よく担当した。

毎月、看護師とともに工場へ訪問すると、萩尾さんはパートの人たちに埋もれながら、

「広川さん、こっちだよー」と、笑顔と汗で迎えてくれた。

月四万円になる収入は、彼にとっては大きく、一日二千円ということに不満も覚えない様子だった。

さすがに、この姿は親族のこころを動かした。

「あいつがそこまで頑張ってるんなら、そろそろいいだろう」

萩尾さんの努力の勝利だった。

それは、萩尾さんが頑張った成果であるにもかかわらず、私は自分が何かを成し遂げた気分だった。

再び、盆踊りの曲がかかり、私は太鼓バチを握り直して櫓に上がった。

広がる支援、取り残される患者たち

あれから、もう何年も経った。

萩尾さんは、心臓発作で倒れて亡くなる日まで、デイケアに通って来ていた。

秋には、親族の手伝いで作ったお米を、春には庭のタケノコを持ってきてくれた。生き生きと暮らす萩尾さんは、入院中の粗暴な様子からは考えられないほど明るかった。

あの当時、萩尾さんが頑張ったような院外作業はバブル崩壊以降、徐々に廃れ、自炊訓練が不十分でも、デイケアやヘルパー派遣、配食サービスで補えるようになった。街中には地域生活を支えるセンターが作られ、市役所にも相談窓口が置かれるようになった。仕事に就きたい人たちを支援する仕組みや機関も整備されつつある。帰る家がなくても、共同生活の場や生活力をつけるための施設も作られてきた。

そして、こうした機関のほとんどに、今はPSWがいる。

かつて精神科病院にしかいなかったPSWが、今はさまざまな機関でそれぞれの立場から、こころの病気や悩みを抱える人々の暮らしを支援している。

病院には、萩尾さんのように「自分の暮らし」を送るべき人がまだ大勢取り残されている。去年も一昨年もこの祭り太鼓の音を聴いていた患者さんたちを、「市民」の暮らしに送り出したい。そして、街中からもどうか迎えに来てほしい。
そんな願いを込め、空に響かせるように、私は、ひときわ大きく太鼓を叩く。

Ⅱ　心残り

こころに残る苦い思いがある。

なぜ、もっと頑張ることができなかったのか、自分に力があったなら、あなたの暮らしは、もっと違うものになっていたのではないか……。

理想を持って、信念のあるつもりで、時には正義感を身にまとって踏ん張っていた私。

しかし、ぴくりとも動かない現実や、変えることのできない過去の重みの前に立ち竦んでしまったことが度々ある。間に合わなかったことへの、無念が残る。

本章には、今も私たちのこころに、ある種の辛さや、刺さったまま抜けないトゲのような思いを残すエピソードを選んだ。そこにあるのは、無力に立ち竦むPSWの姿であり、あの時に言えなかった「ごめんね」という言葉である。

ただ、当時の自分の姿が、今の私にPSWであり続けるための力を与えてくれる。

どうすることもできなかった――。

しかし、忘れたくないかかわりの記憶が、今も残照となって私の歩みを照らしてくれている。

ドーベルマンのクマ

動物愛護団体のボランティアに飼い犬のドーベルマンを引き渡した帰り道、竹山さんは車の窓からいつまでも後ろを見ていた。

私も気になって振り返ると、「クマ」もじっと主人を見送っている。竹山さんなりに愛情をかけていたこと、クマも主を信頼して暮らしていたことが、互いの目の色、その交わりから想像できた。

――引き離してしまってごめんね。どうしても、しようがなかったんだよ。

隣家との隙間に繋がれ、一日中吠えるクマに近所の苦情は絶えなかった。やっとのことで調整したホームヘルパーも、もともと需要が供給を上回っている状況下、「厄介な」精神障害者を契約の対象にはしてくれなかった。

クマの吠え声が怖いことを理由に、ヘルパー派遣の解約を申し出られて久しい竹山さん宅へ、私は訪問看護の名目で訪ねることとなった。民生委員から保健所に相談があり、訪問した保健所ＰＳＷからの相談によるものだった。

室内に上がり込む時の心得

少し離れたところに車を置き、路地を進むと犬の吠え声が聞こえてきた。

これかな？　と思いながら歩を進めると、住宅のひしめく一角に、破れた障子の窓が見えた。確かに荒れ果てている。

玄関で躊躇しながらも、動揺を顔に出さないように「おじゃましまーす」と明るい声を心がける。が、内心は靴を脱いで室内に上がった自分を「えらい」と褒めたかった。そして、二回目の訪問からは、同行する看護師の提案でジャージ姿にスリッパ持参となった。

室内に飼われている猫たちの下の世話が悪いため、悪臭を放つ湿った床をつま先で進むと、居間は、高く積まれた新聞紙の山だらけ。布団を敷けるスペースは見あたらない。

「夜はどうやって寝るの？」

竹山さんは黙って目の前のコタツを指さした。そこに足先を突っ込んで寝るのだと言う。

真夏にコタツというのも驚くが、冬場の寒さは応えないのだろうか。竹山さんが六十歳を超えているためもあり、そんなことも気になった。

何度目かの訪問で、竹山さんの許可を得て開けた洋服箪笥には、ロールケーキがずらり並んでいた。

ここで「なんでタンスにパンを入れてるの⁉」と驚いたり、「腐っちゃうから冷蔵庫にしまおう」などと言って、やたらに手を出したりしてはいけない。竹山さんの暮らし向きを否定しては、もう来ないでくれと言われてしまいかねない。

こういう汚れた家ほど、そーっと、竹山さんのプライベートに、侵蝕に気づかせない程度の入り方をしなければならない。

冷蔵庫にはサケ缶と牛乳パックがぎっしりしまわれていた。そして、他に何もない。かなり個性的な暮らし向きだ。これまでに数多くのお宅を訪問したが、竹山さん宅はベストスリーに入るだろう。

食事のことはともかく、問題は庭の動物である。大きなドーベルマン、牙を剝いて吠えられると、動物好きの私でもちょっと怖い。

そして、まさにこれが近所の苦情の的になっており、このままでは毒でも盛られかねないという心配もさることながら、近隣住民から、竹山さんに出て行ってもらいたい、役所は何もしないのか、と突き上げを喰らった保健所PSWが、私に相談を持ちかけたのがことの発端である。

竹山さんは、もうずっとこんな生活だったらしい。

そして、ヘルパーに来てもらうことなどより、竹山さんはクマや飼い猫のデカクロたちとの今の暮らしに固執した。

少しずつの変化を

「そんなに可愛がっている犬なら散歩くらい連れて行けば?」「猫はトイレを置いてあげるものだよ」「自分の健康のためにもヘルパーが来てくれるような環境を作ろうよ」と、部屋を掃除したこともある。

「新聞は捨ててもよいか」「腐るといけないから、ロールケーキは冷蔵庫に入れておこうね」「期限の切れた牛乳をクマにあげちゃだめだよ。犬は、水も飲むから汲んであげようね」と、確認を一つずつ取りながら、私や一緒に行っている看護師からすれば、焦る気持ちをこらえ、相当気長に、少しずつ竹山さん宅の環境改善を図った。

それでも、病院に戻ると、竹山さんが追いかけるように怒鳴り声で電話をしてきたことも一度や二度ではない。

「広川さんよー、俺の部屋を勝手に片づけただろう。金がなくなったじゃねえか。なんで牛乳を捨てちまったんだよ」

汚れた手を洗い、洗っても何かが落ちていないような感触を追いやって、疲れた体を休めているところだった。うんざりしながらも、さっきの会話を思い出してもらおうと、状況を再現しながら説明する。

「おー、そうだったな」

竹山さんはいつもそう言って電話を切った。やれやれだ。

狭い庭にいるクマの周囲を掃除していると、近所のおばさんから「あなた、ここの家の人？」と声をかけられた。

身分を明かすのは、彼が精神病患者だと知らせることになるから憚られる。しかし、身内とも言いにくい。

私が返事に窮している間に、おばさんは竹山さんに関する不平不満をまくし立てた。「犬は一日中うるさいし、猫だっているでしょう？　あれが、こそ泥みたいに家まで上がってくるのよ」「近所はみーんな、ホントにいい迷惑。ここがおかしいんでしょう？」と自分の頭を指さした。

確かに隣の人はいい迷惑だろうなあ、私だってその立場はお断りしたい。口にこそしなかったが、おばさんに同情する気持ちたっぷりに肯き返した。

しかし、いつかはわかってもらえる日が来ることを願いながら、竹山さんのライフスタイル改善のため、私は訪問による支援を続けた。

もう少し時間があれば──訪問看護の限界

そんな支援を一夏続けた秋の終わりのことだった。

もともと無理だったのだ。精神科病院からの訪問看護は、ホームヘルパーとは違う。医療の出前であり、生活上の相談を、生活している場面で行おうというものだ。

食事やら掃除やら、そういった日々の具体的な暮らしを手伝い、ご本人の生活能力の再獲得を図るには限界がある。いや、毎日来れば別だ。しかし、診療報酬上の制限もあったし、第一私たちは専任の訪問スタッフではないから、そこまでこの業務にかけられる時間を持たないのだ。

それでも私は、他の患者さん宅には月一回の訪問という病院の原則を押して、竹山さん宅には二週に一回、時には毎週一回、しかも複数のＰＳＷを順番にあてがって訪問を敢行してきた。

なんとか、竹山さんの生活、この動物たちとの暮らしを守りたかった。彼がそれを強く望んでいたからである。動物好きの私の共感を、大いに呼んだことも事実だが。

飼い猫の一匹が交通事故に遭ったと聞き、一緒に泣きながら庭に穴を掘って埋めたこともある。近所のスーパーへの買い物に同行し、買い慣れなかったレトルト食材も、私の助言で買ってくるようになっていた。

訪問後の怒り声の電話は、いつしか、

「広川さん、古新聞、どこへやったんだっけ?」

という問いかけに変化していた。徐々にだが、竹山さんは私たちを信頼してくれるようになっていたと思う。

もう少し時間があれば、何とかなったかもしれない。

あるいは、竹山さんがもう少し若ければ柔軟性もあって、もっと早くにライフスタイルを変えられたかもしれない。

猫のトイレの砂を取り換えるのも、クマを散歩に連れて行くのも、私たちが訪問しない時に実施された形跡はなかった。一緒に作業をする時は竹山さんも黙ってやってくれる。

しかし、帰り際に、

「じゃあ、今度は自分でもやってくださいよ」

と、何回念を押しても駄目だった。

私たち関係者が、交替で竹山さん宅に訪れていることは、近所の人たちも気づきつつあった。それでも事態の改善は期待どおりには進まない。

保健所PSWが、残念ですが限界ですと、か細い声で電話をくれた。業を煮やした自治会長が、保健所に市民の衛生管理上、もはや我慢ならないと直訴したのである。犬を処分してくれ、さもなくば竹山さんに退去してもらってくれと言う。無理難題だが、住民の気持ちも理解できる談判だった。そもそも動物虐待だ、という声もあがったらしい。

「説得」という支援、その後味の悪さ

なんと世間は冷たいのだろう。相手は〝変人〟ではなくて障害者ですよ、もっと優しくなれないんですか。保健所も説得してくれなくっちゃ、と私は言いたい気持ちだった。

しかし、街中で暮らし、犬を飼う彼は、一市民であり、障害者との境目はないだろう。私の力も尽きていた。

ただ、せめて竹山さんの暮らしの場を守り、クマのいのちも救わなければと思った。

動物愛護のボランティアを最初に同行した時、竹山さんはものすごい剣幕で怒鳴った。

「何するんだよ！　……血統書の付いた犬だからな！　やらねえよ！」

この反応は予想どおりだ。しかし、ここでひるんではいけない。それでなくてもボランティアは怖気づいたような顔をしている。

竹山さんを何としても説得し、しかし「説得」ではなく、あたかも竹山さんが自発的に「納得して依頼した」という事実を作らねばならない。

「竹山さん、そうじゃないのよ、このままじゃあ人間も動物も共倒れだからさ。クマだって病気になっちゃうし、竹山さんもここに住んでいられなくなっちゃうよ。しばらくクマを預かってもらって、近所迷惑を解消しよう。竹山さんはクマに会いに行けばいいじゃない？　クマも広々したところで暮らした方が喜ぶよ」

ボランティアとともに毎日竹山さん宅を訪れては、クマを愛護団体の敷地内で預かってもらうように、何度も同じ会話を繰り返した。微妙に婉曲な言い回しで――。

竹山さんが、渋々だが「そうだな」と言ったのは、何かしら危機感を持っていたからだろうか。あるいは繰り返しの「説得」にくたびれたのかもしれない。正直言って、私の方の粘り勝ちのような感じだった、決して後味はよくなかったが。

竹山さんの気が変わらないうちにと、その場でボランティア団体に連絡を取り、すぐにクマを連れて行った。

クマを下ろし、竹山さんに車に乗り込むよう促すと、彼は最後の抵抗を示した。

「やっぱりいやだよ。クマは、やらねえぞ」

「何言ってるのよ、今日は預けに来ただけだよ。また会いに来たっていいし、少し家を片づけたら迎えに来ようよ、私も一緒に来るから」

限りなく嘘に近い言葉だった。クマはここで飼ってもらい、あるいは新しい飼い主を見つけてもらうことになるだろう。

竹山さんとクマは今日でお別れなのだ。クマはおとなしくボランティアの横にお座りをして、じっと竹山さんを見上げている。

その目を避けるように、私は竹山さんを車に押し込んだ。

竹山さんにもクマにも、結局何もできなかったという無念な気持ちを抱えて、私は竹山さんと二人で車中から遠ざかる背後を見つめた。

ごめんね、という言葉を呑み込んで――。

竹山さんは、その後しばらくクマのことを口にしなかった。私がその話題を避けようとしているのが伝わっていたのだろうか。

そして、訪問中のある時、一度だけ言った。

「広川さんよー、クマは元気にしているかなあ」

生きる意味

秋雄さんは、私の勤めている施設へ時折訪ねてくる青年の一人に過ぎなかった。顔をくしゃくしゃに崩した笑顔で作業所の中にほのぼのとした雰囲気を醸し出してくれていた。そんな彼の訪問を、私は密かに楽しみにするようになった。

それは私だけではなかった。多くのメンバーが彼の訪問を待っていた。窓際でタバコ片手に作業を続ける利用者の横で、他愛もない話で笑いをとっている彼の周辺には誰もが癒されるオーラのようなものが漂っていた。

時には、忙しそうにしているスタッフを見つけては、さりげなく「手伝うよ」と声をかけてくることも珍しくなかった。大きな体に似合わず繊細な気遣いを見せていた。

入退院も何度となく繰り返してはいたが、退院すればすぐに仕事を見つけてきた。気も利くし、働き者、頼まれればいやとは言えない、そんな彼はどこの職場でも重宝がられたに違いない。あっという間に残業が増え、夜勤も入っていつの間にか施設へ遊びに来る時間もなくなっていた。

片道切符

ある時、秋雄さんが、

「明日、北海道へ行く。……片道切符だけ買った」

と、沈うつな表情で訪ねてきた。その表情は、どう見ても旅行を楽しみにしているそれではない。話しかけられることすら拒んでいるような、硬くこわばった表情にただならぬものを感じた私は、すかさず、

「どうして？　……何かあったの？」

長い沈黙が流れた。

やがて彼の表情はみるみる泣いているような表情に変わった。話してほしい、という気持ちで横に座り、私はじっと彼を見つめた。

しばらくして重い口を開いた彼は、

「絶対に誰にも話さないでほしい」

と絞り出すように言った。

誰にも話さない保証など何もなかったが、今はただ彼の尋常ならざる状況のわけを知りたかった。

「誰にも話さないから、どうして北海道へ行くのか教えて」

「絶対に誰にも話さない？」

「……話さないから」

頼りない私の約束に彼は何度となく確認を求めたが、念押しをされればされるほど私の返事は小さくなった。

「借金が……。仕事も続かなくなって……、もう駄目なんだ」

悪いことに借りている先はいわゆるサラ金だった。どことどこにいくらの借金があって、毎月それぞれいくらずつ返済しなければならないのか、すらすらと話した。

サラ金一社から金を借り、その返済のためにまた別のサラ金から借りるということを繰り返した結果、雪だるま式に借金が増えていったのだ。五社総計百万円ほどではあったが、刻一刻と利息が嵩んでいっていることを思うと心中穏やかではなかった。

社会に出て間もなかった私は借金の経験もなければ、こういう場合の返済方法も知らなかった。

妙案など何も思い浮かばなかったが、今はとにかく時間がほしかった。

「……とにかく、明日出発することだけは待って」

「……」

「……なんとかしたい。……けど、私だけではどうすることもできない。誰にも話さないって約束したばかりだけど、保健所の真野さんにだけは話してもいいかしら？」

約束した舌の根も乾かぬうちにそれを破る提案をしている自分の不甲斐なさと、「やっぱり北海道に行くしかない」と彼が飛び出していくのではないか、と不安がよぎった。

「真野さんにも一緒に考えてもらおうよ。……北海道、行きたいわけじゃないんだよね」

「……両親にだけは話さないでほしい。ばれたら勘当なんだ……」

「……わかった、ご両親には話さない。……けど真野さんにはいいわね」

急いで真野さんに電話を入れ、事の顚末を話した。

彼は横に立ち、沈うつな面持ちで聞いていた。大方を話した後、受話器を彼に渡し、明日十一時に保健所で会う約束をして電話を切った。

最悪の事態を避けるための「決断」

彼は明日、本当に保健所へ来るだろうか、それとも北海道へ行ってしまうのか。彼を信じるしかないと自分に言い聞かせながら、作業所を後にする彼を見送った。

この後ろ姿がもしかしたら最後になるかもしれない、そんな思いもあってか見えなくなるまで彼の背中を追った。それは「助けて」と訴えているようでもあり、「やっぱりどうにもならない」とうなだれているようにも見えた。

彼から感じ取ったただならぬ気配は、私の中でみるみる具体的な選択肢となって形を成した。彼が北海道へ行けば、おそらくは具合が悪くなった挙句どこかで警察の厄介になるか、自殺してしまうかの二つに一つだろう。

私の気持ちは決まった。

翌日、私は少し早めに保健所へ行って彼を待った。

信じるしかないと思いつつも、来ない場合のことを考えずにはいられなかった。最悪の結果も想定しながら待った。

彼はきっちり、約束の十一時に現れた。今にも泣き出しそうな表情だった。

彼を慰める間もなく、すぐに三人の作戦会議が始まった。

家族に肩代わりしてもらえなければ、あとは破産宣告しかない、と真野さんから話があった。破産宣告をするにしても、家族に話さないわけにはいかないとも言われた。

家族にだけは話さないという約束をした自分の甘さを痛感しながら、彼の表情の変化を捉えることに集中した。家族に話すということについて、彼はなかなか首を縦に振ろうとしなかった。

私たちが一緒にいるところで話をするのはどうか、受診に両親と私たちも一緒に行ってそこで話すのはどうか、と提案した。彼は他に選択肢はもうないとわかった時点で、しぶしぶその提案を受け入れた。

私は「誰にも話さない」という約束を次々破る結果になってしまったことにどうしようもない後ろめたさを感じていた。

発病は突然だった

秋雄さんは、高校卒業後すぐに植木職人に弟子入りして仕事を始めた。もともと器用だった彼はめきめき職人としての腕を上げていった。

その後、さらに実績を上げるため東京へ修行に出たところまではよかったが、環境の変化やさまざまなストレスが重なり、ある日、自分がどこにいるのか、どこへ行くのかさえわからなくなった。いつもなら三十分で行ける仕事場まで一日かかってもたどり着けなくなっていた。

見かねた同僚の説得で精神科を受診し、そのまま入院となった。

こうして秋雄さんは、躁状態になると借金をし、その借金返済に奔走しながらうつ状態に陥るという最悪のパターンを繰り返すことになったのだ。

誰かにわかってほしい

受診を終え、破産宣告の手続きに入る方向で話が決まった。

私は、両親に話したその日から彼が家に帰れなくなるだろうことを想定し、グループホーム[*1]に入居する準備を進めていた。案の定、診察室を出たところで父親の罵声が飛んだ。母親は沈うつな表情のままうなだれていた。

やがて両親は私たちに向かい、

「迷惑をかけて申し訳ない」と、何度も何度も頭を下げた。

そのままグループホームへの体験入居が始まった。

まずはゆっくり休んでもらおうと、とりあえず今晩困らない程度の簡単な説明だけをして、部屋に入っていくのを見届け、私はスタッフルームにおりた。スタッフに今日の顛末について報告をしているところへ、ドアをノックする音が響いた。秋雄さんだった。

神妙な面持ちで入室し、私の横に立ちすくんだまま、

「……僕、もう死のうと思ったんだ」

と肩を震わせて泣いていた。私も涙が止まらなかった。

あとで聞いた話だが、当時彼が通っていた施設の職員に同じように「北海道に行ってく

る」と言ったら、「行ってらっしゃい」と明るく送り出されたのだという。そんな明るさが逆に彼を躊躇させたのかもしれない。あるいは誰かに引き止めてほしい、わかってほしいという思いで来所したのかもしれない。

その足で私の勤めている隣町の施設に立ち寄ったのをきっかけに、この一年半にわたる大作業が始まったのだった。

破産宣告、そして親との和解へ

早速、破産宣告の手続きに向け、法律扶助協会[*2]を通して弁護士費用を借りることにした。その際、今後の生活のことも考え生活保護の申請手続きを取ることとなった。「借金返済のためには保護費は使用できない」「グループホームには本来経済的に自立した人が入るべきなので生活保護受給者は入居できない」などいくつもの壁が立ちはだかったが、医療機

＊1　グループホーム：病気や障害があって地域での暮らしに不安のある人を対象とした支援付き小規模共同住居のこと。民間アパートを借り上げているところや一軒家を数名で利用しているところなど形態はさまざまである。

＊2　法律扶助協会：法律扶助協会は二〇〇六（平成一八）年に解散し、同協会が行っていた民事法律補助事業は、同年一〇月から日本司法支援センターに引き継がれている。

関や保健所等のネットワークの協力も得て、無事、生活保護受給が決定した。

その後、片道一時間半かけて弁護士を訪ねては、具体的指示を受け、宿題を持っていくということをほぼ一年間繰り返した。それはなんのための借金だったのかを一つひとつ掘り起こす作業であり、秋雄さんにとって決して容易なことではなかった。

しかし秋雄さんは本当によく頑張った。

やがてその半年後、破産宣告を受け、免責となった。

彼は、免責の通知が届くと真っ先に私のところへ見せに飛んできた。お互い何も語らずともこの一年半の濃厚な時間が胸にこみ上げ、自然と涙が溢れた。

秋雄さんは常々、勘当された両親のことを気にかけていた。なかでも目の悪い母親のことがことのほか心配の様子だった。

この一年半の間、弁護士のところへ相談に出向いた帰りには極力、両親のもとを訪ねるように心がけた。

しかし、父親が姿を見せることはほとんどなく、母親一人が精一杯の対応をしてくれていた。そして帰り際にはしばしば母親から、「これ、父親からです」と、野菜や米などをどっさり持たされた。彼の生活を心配してのことだった。

それから一年ほどしてようやく父親も彼と一緒にお茶を飲み、同じコタツを囲むようになった。秋雄さんもとてもうれしそうだった。

うつ病の再発──生きる意味を問い直す

私は、借金がなくなり大仕事を終えた後は、秋雄さんも安心して穏やかな生活を送っていくものと信じて疑わなかった。しかし、彼はこれまで経験したこともないような辛いうつ状態に陥っていた。理由が判然とせず、慌てたのは私だった。

秋雄さんにとって借金のない生活は高校卒業以来のことであり、仕事を始めてからは借金返済のために働き、借金があったからこそ仕事をやり続けた。それが生きる意味にもなっていた。

しかし生活保護を受けていれば、仕事をしなくとも生活はできてしまう、これでは生きている意味がないのではないか。そんな思いに行き着いてしまったのだ。

こうして彼は、以前のような柔和な笑顔を見せることがほとんどなくなった。いらいらを募らせ怒りを露わにすることもあった。ある時は過激なダイエットをして急激に体重を落としたり、ギャンブルをしてはトラブルを巻き起こし、突然グループホームを飛び出し行方不明になったことも一度や二度ではなかった。

秋雄さんにとって真の生きる意味を問う日々が始まった。


私は、彼を苦しめ続けた借金を清算し、生活を立て直すお手伝いをしようと必死に闘ってはきたが、彼と歩を一にしながらも、ゆとりを持てぬまま、ただ一喜一憂していたにすぎなかったように思えてならない。

今や私自身、そんな自分を見つめ直さざるをえないところに立たされていた。

その後の秋雄さんと私は、それぞれに生きる意味を探る自問自答の歩みを続けることになった。

自慢の母ちゃん

「うちの母ちゃん、すげえ、かわいいんだよ」

良雄さんはいつも丸い目を輝かせて言う。十五歳の時から、もう三十五年も入院している白髪交じりの頭で――。

話題はいつも自慢の母ちゃんのことか、宇宙人が来る話、禁煙の誓いの繰り返しだ。

それでも良雄さんからは毎日のように面接相談の希望があり、私は病棟へと足を運ぶ。私が肩が凝ったと言えば揉んでくれるし、次に病棟で会うと、揉んでやるよ、と手招きする。

「母ちゃんに楽をさせたい!」

良雄さんに自慢の母ちゃんの面会があるのは月一回、医療費の支払いに来院する時だ。

しかし、七十歳を超えた老母は体がきつくなったらしく、その役目を長男に交替しつつある。

良雄さんは事あるごとに、「働きたい！　母ちゃんに楽をさせたい！」と言う。にもかかわらず、いつもタバコ代を使い過ぎて小遣いが足りなくなると、他の患者さんへのタカリや、時に喧嘩沙汰を引き起こす。

母ちゃんに楽をさせたいならと売店の買い物に付き添い、一緒に小遣い帳をつけ、ナースに節煙の声かけをしてもらっても、タバコ代の使い過ぎは繰り返される。

「良雄さん、母ちゃんのことを思うなら節約しようよ」

「おー、タバコやめるよ。今日から、もう吸わないよ」

屈託のない笑顔で交わすこの会話も毎度のことだ。

病院では患者のお金を預かり、院内の売店での「伝票買い」方式を採っている。病院内の売店では、患者はお金を持たずに買い物ができるという仕組みだ。

閉鎖病棟で、金銭管理ができない患者のための代行業務であり、金銭トラブルを避けることも一つの目的と家族には説明される。あればあるだけ使い切ってしまって、途中でカツカツになる人や、反対にお金を使うことに不安を持ってしまい、必要品さえ購入しない患者も出てくるからである。

一方、必ずしも人に管理されなくても、たかだか月額二万円程度のお金を、用途に合わせて使うくらい、できる人もたくさんいる。

できない人の基準に合わせて一律管理するのが、伝票買い方式だ。

そして、その中間管理をするナースは、時に患者たちから攻撃を受ける。

「なんで、もっと買わせねーんだよー」と、怒鳴られる役割。

その、とばっちりがこっちへくる。

「ワーカーさん、良雄さんのお小遣いが足りないのよ、家族にちゃんと持ってくるように言って！」「お金がないんだから買えるはずないって説明して！」

というふうに。

しかし、私が、この「仕事」を真面目にやったことはあまりない。お金が「ない」と実感できない状況に患者さんたちを置いているのは、あなたたちじゃないですか、それをやめる工夫が先でしょう、と思っているからだ。

そして、代わりに、良雄さんと一緒に小遣い帳をつけては、赤字の原因を探り、次の購買の計画を練る。計画はたいてい計画倒れに終わるのだが。

「スープって、熱いんだなあ」


ある日、良雄さんと年金の手続きのために市役所に出かけた帰り道、桜並木の川沿いを私はスピードを上げて車を走らせていた。

時間は昼を回っている。

「良雄さん、お腹が空いたでしょう、もう給食が出ちゃってる時間だもんね」

言葉をかけると同時に、良雄さんが笑顔で言った。

「ここで食べていきたい!」

指さしているのは交差点の向いにあるファミリーレストランだ。

それもいいかな、と私は考えた。急遽、方向指示器を出して車を左折し、駐車場へ入る。

店内は、それほど混んではいなかったが、すり切れたジャージにTシャツ姿の良雄さんと私の組み合わせは周囲にどう映るだろう。そんなことを思いながら奥の席へ座った。

良雄さんはメニューを開くと、すぐ目に入ったハンバーグステーキセットを指さした。私は、少し選んで、しょうが焼き定食にした。

オーダーを済ませると良雄さんはニコニコして、いつもの母ちゃんの話を始めた。

「母ちゃんがよー、前にレストランに連れて行ってくれたんだよ。ヨシオ、なんでも好きなもの食べな、って言ってよー」

「そう、よかったわね。お母さんは、良雄さんを大事に思ってるんだよね」

そんな相槌を打っているうちに、カップに入ったスープが運ばれてきた。ウェイトレスがテーブルに置くか置かないかで、カップを摑み上げ、良雄さんは素早くそれを喉に流し込んだ。

「アチーッ！」

顔をしかめる良雄さん。そして、

「熱いんだなあー」

と一言。まさに喉から声を出した。照れ笑いの顔——。

そうか……、適時適温給食を実施している当院でも、出てくる食事は、どうやら「適温」

なのだ。つまり、病院食しか知らない良雄さんは、たぶん一気に飲み干せる温度のスープしか、普段は口にしていないのだろう。

気づかなかった。私は病院で出される食事の温度を知りようもなく、今までこんなところにも実社会とのギャップがあることに思いを届かせたことがなかった。

だが、ふと私はもう一つのことに気づいた。

良雄さんは、時折自宅への「外泊」をしている。大好きな母ちゃんが迎えに来て、喜んで出かけていく。

そして帰ってきた良雄さんに尋ねると、いつも「よかったよー」「母ちゃんがみそ汁を作ってくれてよー」「肉を食べさせてくれたんだよ」と満面の笑みなのだ。

その手料理は温かくないのだろうか？　この疑問は、その後運ばれてきた食事の前に霞んで消えてしまったが、私のこころの奥にはひっかかりが残った。

その後も、良雄さんとは日常的に希望が出れば面接相談を、と言っても繰り返しの対話をしている。同じ会話に飽きてしまって、肩を揉んでもらいながら話すことが続いた時期がある。

お礼に一度コロッケパンをあげた。こっそり、「他の患者さんに見られないように食べちゃって」とナースステーションに呼んで手渡すと、大きな口であっという間に平らげた。食べながら、涙でくしゃくしゃになっていたその顔は、印象深い。普段のえへらえへらした笑顔しか知らない私は、胸を衝かれる思いだった。

ただし、この時点では、良雄さんの涙の意味はまったくわからなかった。

「退院したい」のにできない理由《わけ》

良雄さんが、

「退院したい。母ちゃんと暮らしたい」

と、繰り返し言うようになったのは、母親の面会が途絶えてからだった。

「母ちゃんに楽させてやりたいんだよ」「もう三十年以上もいたんだからさ、そろそろ退院したっていいだろう」「病院だって、儲かっただろう?」

良雄さんの言い分をもっともだとは思わないが、真剣な気持ちから出た言葉だと感じ、良雄さんの母親ではなく、兄に電話をかけた。

兄は数日後に母親を伴って来院してくれた。いつも面会の姿は見かけていたが、話をするのははじめてだ。

自己紹介をして、お越しいただいた趣旨を話し、念のため、どう思うかとおそるおそる尋ねた。

これだけ入院が長いと、今更退院ということがまったくピンとこない家族は多い。時には「何を、今更」と怒られることもある。

しかし、良雄さんの兄は冷静に言った。

「私は仕事があります。母はご存じのとおり、障害があって良雄の面倒を見ることはできません。良雄の気持ちはわかりますが、ここに置いていただくのがいちばんだと思います」

私は、この時はじめて、良雄さんの母親が知的障害者らしいと知った。

外見上はきれいなお化粧のせいか、年齢よりかなり若々しい。しかし、その若さは化粧のせいばかりではないようだ。

「でも、外泊にはお母さんがお連れになっていますよね」とたたみかけると、良雄さん自慢の母ちゃんはニッコリするばかり。確かにその笑顔は〝可愛らしい〟。

代わりに兄が、「母は良雄を自宅に連れてきても、コンビニでパンやカップ麺を買ってきて二人で食べているだけです」と言う。

そう聞いて、良雄さんの面会風景を思い出した。確かに、面会スペースでも、良雄さんと母親は並んで座って菓子パンをかじっていたっけ――。

この時になって私は、良雄さんがスープの熱さにあんなにも驚いたこと、コロッケパンを頬張りながら涙を流したこと、その時々のひっかかりの意味がわかった気がした。

ソーシャルワーカーとしての目を

良雄さんとはよくしゃべっていた。いつも「ワーカーさん」と慕ってくれて、私も良雄さんとは親密なつもりだった。

しかし、肝心の彼の周辺に、私はあまりにも無頓着だったことを思い知らされた。

良雄さんの「生活」をイメージし、それを確かめるためのヒントはいくつも散らばっていたのに、それらをやり過ごしてしまっていたのだ。

良雄さんを病院の風景の一部にしか見ていなかった私は、この時になってはじめて、良雄さんに対し、〝ソーシャルワーカー〟としての目を向けた。

いや、これまでも向けてきたつもりで、ちっとも開いていなかった目を、この時自覚させられたのだ。こんな風にして「見過ごし」にされている患者さんが、精神科病院にはまだまだ大勢いるのではないだろうか。

結局、彼は、いまだに入院を続けている。

自慢の母ちゃんは老人ホームに入り、面会者が近くに嫁いでいる妹の娘たちに代わった今も——。

悔恨

鈴木さんにいきなり怒られたのは、私が病院に就職して三年目、男性社会復帰病棟を担当することになって間もなくのことだった。

減らない「社会的入院者」

社会復帰病棟と銘打ちながら、実際は長期入院者が多く、社会復帰（退院）する人は年に数人に過ぎなかった。

その病棟に入院している患者さんは、病状は安定しているが、家族が退院に同意しない、保証人がおらずアパートを借りることができないなど、さまざまな社会的要件が満たされないために退院できない、いわゆる「社会的入院者」がほとんどを占めていた。

入院してから二十年を超える人が少なくなかった。なかには三十年を超える人も数人いた。

その病棟に入院している患者さんは、短い人でも二～三年は入院しており、どちらかと言えば治療の場と言うより、生活の場と言ったほうがしっくりくるようなところだった。

この病棟での私の仕事は、まず病棟の患者さん約六十人全員と一人ずつ話し、退院への意思や現在の入院生活で困っていることなどについて聞くことだった。一人でも多くの方に退院してもらいたかったので、全員に再度、退院への思いや希望を聞くようにした。

しかし、その病棟には入院生活そのものを楽しむかのような姿もみられ、あたかもそこが暮らしの場であって、「退院」という言葉を発することが、どこか場違いなことと錯覚させるような雰囲気があった。

事前に前の担当者や病棟看護師から、退院希望をもっている患者さんの情報は得ていたが、その中に鈴木さんは入っていなかった。

退院の意思が測り切れない

鈴木さんは、南に延びる廊下のいちばん奥にある、少し広めの畳部屋の住人だった。四十代後半だったが、二十代半ばに入院してからすでに二十年以上が過ぎていた。ちょうどその頃の私の年齢で入院したことになる。

その部屋から廊下を見ると、学校の廊下のようにガラス窓があり、廊下からは病室が丸見えの状態だった。

廊下に出ると北方向にはナースステーションが見える。日中も夜も、その部屋には患者さん各自のパーソナルスペースは皆無のように思えた。

部屋は二十畳ほどの広さで、部屋の両側の壁には作り戸棚のように木製のロッカーがはめ込まれ、一人ひとりの持ち物はそのロッカーに入れられていた。

患者さんはそれぞれロッカーの扉に院内売店で購入した南京錠をつけ、その鍵をなくさないように紐やチェーンにつなぎ、首からネックレスのように下げるのが定番のスタイルになっていた。

畳部屋には一部屋十人ほどの患者が生活しており、夜になると布団庫から自分で布団を運んできては各自で寝床を作る。そして朝になると、まず布団をたたみ、布団庫に戻すのが起床後の日課となっていた。

鈴木さんは昼間、作業療法などで出かける時間を除くと、自分のロッカーの近くの窓際あたりに寝転がっていることが多かった。

鈴木さんと最初に会ったのは、その病棟を担当して一週間ほどした頃だった。天気のとてもよい日だったが、鈴木さんは定位置の窓のそばに、痩せた体を横にごろんと転がし、肘で頭を支えていた。

私は部屋の入り口で靴を脱ぎ、畳に上がると、

「こんにちは、今度この病棟の担当になった相田です。よろしくお願いします」

と、挨拶した。

鈴木さんは私の声を聞くなり、急いで起き上がり、

「鈴木です。よろしくお願いします」

と、にこやかに挨拶を返してきた。背筋の伸びた、きれいな正座姿だった。

型どおりの挨拶を済ませると、さっそく退院への希望や現在困っていることなどについて話し始めた。

「……退院はしたいです」

そう言いながら、鈴木さんはしかし、さっきまでのにこやかな表情とは明らかに違う、硬い表情に変わっていた。

「どこか、退院先として考えているところはありますか？」

と聞くと、

「……考えてません」

と、表情を変えずに言った。

「それでは、これから一緒に考えていきましょう」

「……はい」

はじめての会話は十分もかからずに終わった。

それから私は数日に一回は鈴木さんと話す機会を持ち、退院について話した。しかし、こちらが退院の話をしたくて訪ねても、鈴木さんは昔話を始めてしまい、退院についてはまったく話が進まなかった。

それでも私は鈴木さんのところを訪ねるのが楽しみだった。いつもにこやかな笑顔で迎えてくれ、病院の昔話などをしてくれた。

以前、入院して間もない頃、病院のリネン室でシーツの洗濯を手伝っていたこと、院外へ仕事に行くことを勧められたが断ったことなどを懐かしそうに語ってくれた。

突然、堰を切った怒り

一カ月ほど経ったある日、いつものように話をしに部屋に入ると、鈴木さんは明らかにいつもと表情が違っていた。こちらに視線を向けず、斜めに座ったまま、問いかけにもまったく反応がない。

どうしたものかと考えあぐねていると、鈴木さんは重い口を開くなり、

「いったい何なんだよ！」

と、いきなり私を怒鳴りつけた。

いつも温厚な鈴木さんの、あまりに突然の怒声に困惑した私は、

「どうしたんですか?」

と言うのが精一杯だった。

鈴木さんは、視線を合わせないまま続けた。

「ふざけんじゃないよ!」

返す言葉も見つからず戸惑っている私に、今度は少し低いトーンで鈴木さんは言った。

「……遅いんだよ」

何のことを言っているのかわからず、混乱した頭で、もしや鈴木さんと何か約束でもしていたのではないかと、慌てて考えを巡らせた。

と、その時、鈴木さんの口から思いがけない言葉が飛び出した。

「なんで、あの頃に言ってくれなかったんだよ!」

「……!?」

「今さら退院しないかなんて言っても遅いんだよ!」

漸く、鈴木さんが何を言おうとしているのか、事態が呑み込めてきた。

それからポツポツと彼が語ったのは、自分が若くて元気だった二十代の頃には誰も「退院してみないか」と声さえかけてくれなかったのに、今、この歳になって退院と言われても、とても社会でやっていけるわけがない、おおよそそういう内容だった。

だからなぜあの頃言ってくれなかったのかと、私に怒りをぶつけてきたのだった。

私は、まさに〝ハンマーで頭を殴られたような衝撃〟を感じていた。

鈴木さんが二十代の頃、私はもちろん勤務していない、していないどころかまだ幼稚園児である。

その私に怒りをぶつける鈴木さん。もちろん鈴木さんは私の言葉に怒っているのではない。昔からこころにしまっておいた絶望を怒りという形で私にぶつけたのだ。

長期入院患者の存在は国の施策のせいと習っていたし、そう信じてもいた。しかし、そんな単純なものではない。病院も加害者なのだ。そして私もその加害者である病院の一員なのだという現実が重くのしかかってきた。

私はその時、どう答えていいものかわからず、口を開くことすらできなかった。二十年を超える入院期間の重さ、入院が長くなるに従って萎んでいったであろう退院への希望、それに反比例して膨らむ絶望感、その思いを聞くことすらしてこなかった病院。

その現実を思うと、鈴木さんの怒りの前に、自分が何を言っても空々しいものになってしまう気がした。

他に言葉が見つからず、私は漸く絞り出すように言った。

「……すみません。……本当にすみませんでした」

謝ることが正しいこととは思えなかった。でも、その時の私にはそれを言うのが精一杯だった。

そして、それから一度、勇気を出して鈴木さんのところへ行き、昔と違い今は一人暮らしの練習ができる施設もあるし、退院に向けた支援がいろいろ受けられるようになっていることなどを伝えたが、鈴木さんが耳を貸すことはなかった。

それでも退院を促し続けなければ

私はそれ以来、鈴木さんに退院の話をすることができなかった。

今思うと、なぜもっと鈴木さんに向き合わなかったのかと悔やまれる。なぜ何度怒られようと鈴木さんに退院について話さなかったのか、と。

その病棟を担当した二年間に何人かの患者さんが退院したが、その間、病棟スタッフからも鈴木さんの退院について話が出たことは一度もなかった。大人しく目立たない存在だった鈴木さんは、病棟では問題のない患者とされたまま、月日だけが過ぎていった。

しかしながら、私は鈴木さんの退院を諦めたわけではなかった。その後も主治医や担当看護師に、事あるごとに鈴木さんの退院について話をした。が、その話はさまざまな要因から以後進展を見ることはなかった。

いちばんの要因は、「本人が退院したがらないこと」だった。

それでも私は、病棟担当を代わる時、次の担当者にこう申し送った。

「怒られるかもしれないが、何度でも退院について根気よくアプローチしてほしい」

何か責任を転嫁しているようで気持ちはすっきりしなかった。

しかし、自分は鈴木さんの放った言葉の重さに何も返せなかったが、やはり誰かが退院について、声をかけ続けなければならないのだと思った。

その後、私が病院に勤務している間に鈴木さんが退院したという話は聞かなかった。

私はPSWとして働いてきたこれまでの中で、言葉によってあれほどの衝撃を受けたことは一度もない。しかしあれほど自分の身になった言葉もない。

こうしてPSWを続けてこられた自分の中に、鈴木さんの言葉は今も生き続けている。まだ未熟だった私は謝ることで精一杯だったが、今の私ならどんな言葉をかけるだろうか、時々そんなことを考えたりする。

最近漸く、国は社会的入院の解消を目指し、長期入院者の退院促進に力を入れ始めた。病院に任せていては退院は促進されないとして、院外から退院をサポートする団体の退院支援員を受け入れるよう病院にも促している。

幸いにして、もし私に機会が与えられるなら、鈴木さんの退院をもう一度支援してみたいと思う。

そして、お会いできたその時には、たとえ怒りの言葉を浴びせられようとも、

「若い頃に声をかけなくて、すみませんでした。でも、退院は今からでも十分間に合いますよ。……ちょっと一緒に外へ行ってみませんか？」

そう言って何度でも会いに行こう。

今の私になら、それができるような気がする。

今もまだ入院しているとすれば、鈴木さんはそろそろ入院四十年を迎えるはずである。

合　掌

ＰＳＷをしていると、数多くの出会いとともに、実にさまざまな別れに直面する。

もちろん喜ばしい別れもあれば、悲しい別れもある。そして、時には永遠の別れもある。

安否確認に出向く

病院に勤めていて多く体験するのは、入院が出会いとなり、退院が別れとなるパターンである。

なかでも悲しく切ないのは、入院中に病気や事故などでそのまま病院で亡くなるパターンであるが、この場合、その死の顚末がおおよそ了解できているので、比較的納得しやすいと言えるかもしれない。

一方、通所施設やデイケア施設などでは、病棟勤務に比べ死と向き合うことは決して多くはないが、時に、まったく予期せぬ死の第一発見者となることがある。

それは、悲しいだけでなく、とてもショッキングな出来事である。

自分の担当する一人暮らしの方がしばらく顔を見せないとわかると、安否確認のために誰かが様子を伺いに出向かなければならない。

ついあらぬ考えを巡らせつつ、また不安をかき消そうとあれこれ安心の理由を数え上げながら、部屋へと向かう。

こうして何事もなく安堵できる場合はよいのだが、長くこの仕事をしていると、誰よりも先にまったく予期しなかった死と出遭うことが稀ながらある。

川中さんは、そのようにして私が遭遇した一人である。

まだ四十代の川中さんは、がっちりした体型に似合わず、気の小さな、どちらかというと大人しいタイプの人だった。

数年前から*地域活動支援センターを利用していたが、ちょうど一年ほど前、障害年金のことで相談をもちかけてきてから、時々何か問題があると私のところへ相談に来ていた。

普段から、サッカーやプロ野球の話ではよく盛り上がって話をした。川中さんは大の巨人ファンで、選手のこともよく知っていて出身高校やプロ入りした年なども事細かに教えてくれるほどだった。

一人暮らしの川中さんは、酒好きで、よく一人で飲みに出かけているようだった。栄養の偏りが気がかりで、私は機会を見ては健康診断を受けるよう勧めたのだが、「大丈夫」と言って聞く耳を持たなかった。

夏の間、川中さんは、地域活動支援センターにほぼ毎日のように来所していた。それが九月に入り、秋といってもまだ暑さの残る頃、連絡もなく顔も出さなくなってちょうど一週間が過ぎていた。

以前も、何の連絡もなく数カ月来所しなかったことがあり、当初はそれほど心配もしな

＊ 地域活動支援センター：二〇〇八（平成二〇）年一〇月に全面施行された障害者自立支援法に規定された施設。障害者等を通わせ、創作的活動または生産活動の機会の提供、社会との交流の促進その他の厚生労働省令で定める便宜を供与する施設をいう。

かったのだが、前触れもなく急に一週間も顔を見せないとなると、何かあったのではと不安になり、その日の午前中にアパートを訪ねてみることにしたのだった。

川中さんは隣の町に一人で暮らしており、家族とはまったく縁がなくなっていた。電話もなく、こちらから部屋を訪ねてみるしか、確認のしようがなかった。

出がけには降っていなかった雨が、車で十五分ほど走ってアパートに着く頃には本降りになっていた。

私はアパートの前に車を止め、鉄製の階段を二階へと駆け上がった。

私も一度しか訪ねたことがなく、うろ覚えだったためどの部屋なのかがすぐにわからず、廊下をうろうろしていると、とある部屋から雨音に混じって水道が出しっぱなしになっている音が聞こえてきた。

イヤな予感がし、背中に悪寒が走った。

「ごめんください」

と声をかけ、音のする部屋のドアをノックした。

返事がない。

ドアノブを回すと、鍵がかかっていなかった。

そっとドアを開けると、水道の流れ落ちる音が大きく響いた。

最初はトイレの水が流しっぱなしになっているのかと思ったが、その音は玄関のすぐ左脇にある、靴箱の裏側の台所から聞こえてくるようだった。

靴箱の上の棚に、電気の使用量を書いた紙が貼ってあるのが見えた。川中さんの名前が読める。

少しためらったが、勇気を奮って玄関に上がると、奥の畳の部屋が目に入った。

「川中さーん、ごめんくださーい！　……いませんかー⁉」

と、大きく声をかけながら、頼むから返事をしてくれ、とこころの中で祈った。

しかし返事はない。

再度声をかけるが、流れ続ける水道の音しか耳に入ってこない。

恐る恐る水道の音のする台所を見るために身を乗り出すと、流しの下の床に人の足が見えた。

予期せぬ死の発見者になる

川中さんは、台所の壁に背をもたせかけ、首をうなだれ足を投げ出すようにして床に座っていた。

ただ寝ているだけのようには、到底見えなかった。すでに肌は紫色に変色しており、息もしていないことが一目でわかった。

その光景を目にした途端、今まで感じたことのない衝撃が全身を走った。身の毛がよだつと言うが、まさに全身の毛が逆立つような感覚を覚えた。

乗り出した体を元に戻すと、気持ちを鎮めどう行動すべきかを考える一方、目の前の事態を受け入れたくない気持ちもあり、今のは見間違いに違いない、実は生きているのではないかとさえ思おうとしていた。

意を決し、今度は靴を脱いで部屋に上がった。

やはり同じ光景が目に飛び込んできた。

しばらく、そのまま立ちつくした。

雨がぱらつき、気温もさほど高くはなかったが、来る時にかいた汗もひき、寒気で体が震えた。

「……何で⁉　……何で⁉」

と、頭の中で問いかけながら、手を合わせた。

状況からすると、水を飲もうと台所までやって来て、水道の蛇口を捻ったところで突発的に何らかの異変が起きたようだった。

しばらく目を閉じて手を合わせた後、主の死を誰かに伝えようとするかのように流れ続けている台所の水道を止めた。

そしていったん部屋を出て、携帯電話で警察に通報した。

職場にも事態を説明し、しばらく帰れないだろうことを伝えた。

ほどなくパトカーがやってきた。ほんの数分だったと思うが、とても遅く感じられた。階段を上がってきたのは、私服警官が一人と制服を着た警官が二人だった。遅れて所轄の交番から自転車で駆けつけた警官も加わり、四人で部屋に入り何やら調べ始めた。

私はその間、警官から指示され、部屋から出て廊下で待っていた。

しばらくすると、私服の警官が私のところへやって来て事情聴取を始めた。

どういう関係か？　家族は？　などなど、事細かに訊いてくる。

私は守秘義務について考えながら、どこまで話すべきか思案しながら答えた。

事情聴取の最中に救急車が到着し、白衣を着た救急隊員が何やら重そうな機材を持ってやってきた。

十五分ほどして、救急隊員が部屋から川中さんを救急車へ運んだ。

結局、私が解放されたのは、警察が到着してからおおよそ四十分後だった。

私がこれからどうなるのかと聞くと、明日にでも検死を受けることになると警官が言った。

葬儀などがあれば出席したいので家族と連絡が取れたら連絡してほしいと伝えると、わかった、と私服警官が言った。

私なりのグリーフワーク

事情聴取から解放された私は小雨の中、車で施設へ戻った。

すでに午後一時近くなっており、皆食後のゆったりした時間を過ごしていた。地域活動支援センターで作った昼食はすっかり冷め、食欲もほとんどなかったが、私は一人ただ黙々と食べた。

誰にも話しかけてほしくなかった。なんとはない世間話にさえ、うまく返答できる自信がなかったからだ。

私は、周囲から話しかけられないように、食べることに集中しているふりを装った。メンバー（利用者をそう呼んでいる）にどう伝えるべきか、まだ何一つ整理できていなかった。

その日は、仕事を終えると同僚のスタッフ二人に声をかけ、一部始終を聞いてもらった。川中さんが急死したことはすでに伝えてあったが、それがどのような状況下で起こったのか、それを見てどのように感じたのか等々について、自分なりにできるだけ詳細に言葉にする作業が必要だと感じたからだ。

災害時の被災者が、被災で受けたこころの傷を後々まで引きずらないように、自ら言語化の作業を行うのと同じである。

ただ私の場合、感情が麻痺しているのか、悲しいとか辛いとかいうよりも、ただならぬ事態に直面してこころがそれをどう処理していいのか戸惑っているかのようだった。

しかしスタッフに話すことで、徐々にではあるが、次第に冷静に考えることができるようになった。

メンバーには翌朝のミーティングの折、川中さんが亡くなったこと、アパートで亡くなっており、私が発見したことなどを伝えた。

その朝、メンバーは数人しかいなかったが、静かに聞いていた。

それから訃報を、センター内の二カ所に張り出した。

それを見ると、皆、一様に驚き、悲しんだ。

特に仲のよかったメンバーには、状況をより詳しく伝えた。亡くなる数日前に一緒に飲みに行ったというメンバーもいた。

降り続く秋雨がいっそう重く感じられた。

家族からは何の連絡もなく

家族からは何の連絡もなかった。

五日経っても連絡がないため警察に連絡してみたところ、八方手を尽くしたが家族とは連絡が取れず、やむなく福祉事務所に引き渡したということだった。

一方役所では、家族の連絡先が不明のため、荼毘《だび》に付した後無縁墓地に届ける予定だったが、昨日漸く家族とも連絡が取れ、先ほどお骨を持って帰られたという。

そこで、葬式の日取りや場所などを地域活動支援センターまで知らせてほしい旨、家族の方に伝えてくれるよう頼んだ。

しかしながら、家族からは何の連絡もなかった。

一週間後、役所に連絡を入れると、家族には確かに伝えたが、親戚にも話さず葬式もしないと言っていたということだった。

生前、川中さんは、

「あまり記憶がないんだけど、病状が悪い時に両親にはかなり迷惑をかけたみたいだから、入院しているうちに家族は行き先をくらましてしまったんだ。今はまったく連絡先がわからない」

と言っていた。

精神科に長期間入院している人の中には、家族から縁遠くなってしまう人が少なくない。

入院中もまったく面会に来ず、亡くなった時だけ顔を出すというケースもある。なかには、親戚にはすでに死んだことにしているという家族もあり、葬式すらあげてもらえないケースも珍しくない。

結局、その後も川中さんの家族からは何の連絡もなく、お線香をあげたいというメンバー、スタッフの希望は叶えられなかった。

そこで、皆で話し合い、有志で偲ぶ会を催すことになった。

仲のよかったメンバー二人が会を取り仕切り、三十人ほどのメンバー、OBが集まった。テーブルの上に写真と好きだったお酒を供え、一人ひとりが口々に川中さんの思い出を語った。

私からはこの間の経緯を改めて伝え、時が経って冷静になって感じた悲しみについて話した。

そして、皆で黙祷を捧げ、川中さんの死を悼んだ。

変わらぬ問題の根深さを思う

それまでに、地域活動支援センターを利用した方で亡くなった方は数人いたが、お葬式に参列できたのは一度だけだった。

同じ場所で、同じ時を過ごしたにもかかわらず、亡くなった時にお葬式にも出ることができない無念さを噛み締めた。

また、本人の意思ではなく病気ゆえに起こしたことなのに、それが精神疾患であるということだけで亡くなった後まで長く影を落とし、残された者に弔う機会さえ与えないとは、改めてこの病気の抱える問題の根深さを痛感させられた。

毎年のことながら、私は唯一、遺族からの連絡で法事にも呼んでいただいている方の墓参を欠かさない。

そして、そのお墓の前では必ず、

「そちらへの唯一の窓口なんだから、川中さんたちにもちゃんとよろしく伝えてね」

と、お願いする。

その時はいつも、亡くなった方たちは酒好きばかりだったので、皆で楽しげに酒盛りをしている姿を思い描いて、笑顔になれる。

Ⅲ　エール

今頃、どんな毎日を送っているだろう。

あなたの人生にひととき寄り添い、あるいは一瞬通り過ぎただけのＰＳＷとして、ちょっと聞いてみたい。

仕事柄、私の遭遇する場面は、困難な出来事のまっただ中や、人の手助けを必要としている時が多い。その顔は、くじけてへこたれていたり、なすすべがなくて色を失っていたりする。

でも、私は覚えている。

私が、背中を押したり声をかけたり、あるいは何もせず、そばに座って見ているうちに、あなたは「今」と「自分」を見つめ直し、進みたい道を見つけ、やりたいことを実現して笑顔を取り戻していった。その姿を、私は覚えている。

障壁は、繰り返し訪れるかもしれない。一人ではどうにもできない事態が、再び巡ることもあるだろう。

そんな時は、当時の頑張りを思い出してほしい。

自然体で、力強く、日の当たる場所へ出て行った時の自分を信じて——。

本章には、そうした願いをこめて送る応援のエピソードを集めた。

うれしい裏切り

私が竜也君と会ったのは、親戚のおじさんと名乗る方が、「竜也君が仕事場を探しているから」と、二人一緒に作業所*を訪ねてきたのが最初である。

その時の竜也君は、無理やり連れて来られたということを全身で伝えており、ここへ来ることはもちろん、おじさんも私も何もかもを拒否しているように見えた。

母親の相談にのるうち面倒を見るようになったというおじさんの話によれば、竜也君はこれまで土木業を中心にさまざまな仕事をしてきたが、最近はさっぱり仕事もなく、今は毎日家にいる。彼としてはとにかく仕事がしたいということなので、こちらを紹介した、ということだった。

＊ 作業所：障害のある人が通所して日中活動を行う場。仲間づくりや生活訓練、就労支援、地域交流、地域貢献など多岐にわたる機能を持ち、地域生活支援の拠点ともなっている。一九七〇年代から八〇年代にかけ全国に作られたが、現在は障害者自立支援法下の就労継続支援や就労移行支援、地域活動支援センター等の各事業に移行している。

沈黙と拒否の中の面接

おじさんの説明を聞きながら、私は気になって竜也君の表情を窺った。

彼は無造作に伸ばした前髪で顔の前面を覆い隠し、うつむき加減に体を斜めにして座っていた。顔の表情はおろか、顔半分もまともに見えない。

その態度からは強い緊張感と、今の状況から早く逃れたいという思いがひしひしと伝わってきた。同時に助けを求めているようにも感じ取れた。

一通り経過を伺ったところで、ゆっくり竜也君に語りかけた。

「竜也君、……仕事も見つからず、思うようにいかず、大変でしたね」

「……」

「……竜也君は、ここをご存知でしたか？」

「……」

何の反応もない。いや、これが今の彼の反応なのだろう。顔を上げるでも頷くでもなく、ただ黙り込んだままである。

「……じゃあ、まずは、仕事をしている作業場を見学してみましょうか。見学しながら説明はしますが、その後また、質問があればお話ししましょう」

相変わらず何の返事もなかったが、おじさんが「そうですね」と促したのを合図に二人は立ち上がった。


作業場に入った途端、竜也君の態度が一変した。うつむき加減だった顔を上げ仕事に強い関心を示したのだ。

利用者の一人が作業工程について説明するのにじっと耳を傾け、自分からやってみようとする素振りも見せていた。その様子に少し驚きながらも、改めて彼がここに仕事を求めてやってきたことの意味を理解したような気がした。

とは言え、まだどこか腑に落ちない。いくら仕事を求める気持ちが強いからといって、どうして作業所なのだろうか。

そんなことをあれこれ考えている私をよそに、彼は次々と別の作業にチャレンジしていた。最も興味を示したのは手先の器用さや技術が求められ、しかも作業工賃の高い内職作業だった。

一通りの作業を見終え、再び面接室へ戻った。

ふと竜也君を見ると、すでに作業場にいた時の彼ではなく、顔を前髪で覆ってうつむいたままの彼に戻っていた。

「……どうでした？」

「……」

「……興味のある作業はありましたか？」

「……」

消えない「仕事」への強い思い

こんなふうにひたすら沈黙の続く面接というのも、この仕事をしている限りそう珍しいことではない。こういう場合とかく手を替え品を替え、何かしらの反応を引き出そうと必死になりがちなのだが、沈黙には多くのメッセージが内包されていることが少なくない。

ただ緊張のためということもあるし、あるいは相談そのものへの拒否を示している場合もある。

では彼の場合はどういう意味なのだろうかと、当たり障りのない質問をしながら想像を巡らせた。何も話そうとしない様子から、まったく何の支援も必要としない人ではないだろうとは察しがついた。

が、彼はむしろ支援云々を言う前に、私自身の存在を拒否するかのような態度を露わにしていた。さっき見せた、あの仕事に熱い関心を示す彼と、今目の前にしている無反応の彼の、いったいどこにどうかかわりの糸口を見つけたらいいのだろうか。


「……ここでお仕事してみますか?」

「……」

「どうかしら、お仕事、してみませんか?」

「……はい」

はじめて彼が顔を上げた。

その日の夜、例のおじさんから電話が入り、「さっきは言いそびれたんだが」と、現在の竜也君の状況を知らせてきた。

最近、家庭内でたびたび暴力を繰り返し、ちょっとしたことですぐ母親に当り散らし、その度に呼び出されては何度となく修羅場に出くわしていること、時には警察沙汰になることも珍しくないことなどを早口に話した。

翌日、早速来所した竜也君は、真っ先に工賃の高い内職作業のところへ行き、利用者の一人に教えてもらいながら仕事に取りかかった。説明には熱心に耳を傾け、覚えようとする気持ちも人一倍強いように見えた。

しかし、彼が選んだ作業は工賃が高いだけに、かなりの修錬を重ねて漸く仕事になるような、ある意味職人技を要する作業だった。昨日今日ですぐにお金になるような仕事でもなかった。うまく完成できず、初日は製品として出せるものはほとんどなかった。

思うようにできなかったせいか、その日の竜也君は早めに切り上げて帰っていった。

が、その翌日も翌々日も、彼はなんとか難しい作業をこなしては、部品との格闘を続けていた。

爆発する怒り

竜也君が毎日通ってくるのは、やはり何かしらの支援を求めているからではないかと思い、通い始めて一週間ほどが過ぎた頃、私から「少しお話する時間を定期的に持ちませんか」と、声をかけた。彼は少し驚いたような表情で、「いいですよ」とだけ言った。

こうして一週間に一度の面接が始まったのだが、はじめは無言のうちに過ぎる時間がとてつもなく長く感じられた。じっと下を向いたまま座り続けている彼を前に、私は半ば途方にくれていた。

ある夜、長引いたスタッフミーティングの最中にけたたましく電話が鳴った。親戚のおじさんからだった。

今、母親から電話が入り、竜也君が家の中で怒鳴り散らして暴れているということだった。「今すぐ行きますから」と言って急いで電話を切った。

家が近づくと彼の怒鳴り声が大きく響いた。いつも無口でおとなしい彼の姿からは想像もできない荒々しい声だった。

玄関に入るや否や、

「なんでやつらを呼んだんだよ！　誰が呼べって言った！」

と、さらに語気を強めた。

こんな修羅場に出くわす羽目になろうとは、私自身思ってもみなかった。正直、恐怖心がないといえば嘘になる。しかし昼間の彼もまた、嘘偽りのない彼であり、どこかさびしげで憂いに満ちた表情がふと重なった。

「なんで呼んだんだよー」

と、もう一度叫んだ。悲しげな叫び声に聞こえた。

見渡すと、家の中は荒れに荒れていた。玄関正面の引き戸は割れ、カーテンは破けて上半分ほどしか残っていない。家中に洗濯物が敷き詰められ足の踏み場もない有り様だった。

彼は、まだ怒り続けていた。

しかしこの数時間の滞在の中で、彼の怒りが直接私に向けられることは一度もなかった。彼の怒りはすべて母親に向けられていた。

それ以来、竜也君が家で暴れていると言ってはたびたび呼び出された。時には、警察官が先に到着していて、頭ごなしに「駄目じゃないか！」と説得を始めていたこともあった。そうなると彼の怒りはいっそう激しさを増した。こういう時は鎮静化するにも時間がかかった。

彼のイライラの爆発は、その後も頻繁に出現するようになった。施設へ来ては、ぷいっと帰ってしまう。即座に母親から電話が入り、「また暴れています。何かあったんでしょうか」

私にもさっぱりわからない。とにかく本人に電話を代わるように伝えると、母親は怯えて「そんなこと言える状況じゃない」と叫ぶ。

最初の数回はわけがわからず、とりあえず家に駆けつけてみると、確かにすごい有り様で暴れている。わけを聞くと、

「朝の挨拶の時に目を合わせなかった」とか、「駐車場が工事をしていて車が止められなかった」ことなどが、彼にとっては抑えられないほどの怒りを覚える理由だった。

その怒りは、いつの間にか私にも向けられた。やがて、家に帰る前や施設の玄関先でも怒鳴り散らすようになった。

これがいわゆる「転移*」かとも思い、「何を甘えたこと言ってんの!」と言いたい言葉をぐっと飲み込み、「そう思ったんだったら、ちゃんとそのときに言おうよ」と返し続けた。

しかし、こうやって辺りかまわず怒鳴り散らすようになったのも、ある意味「進歩だな」と、内心私は思った。
と言っても施設で怒鳴られたのでは他の利用者にも悪影響が出るのではと心配したが、みんなは心得たものでまったく動じる気配もない。むしろ対応は任せておけと言わんばかりの余裕ぶりだった。

それにしても、暴れたり怒鳴られたりするのにもそれなりのエネルギーが要る。ある時、「バカヤロー」と怒鳴られ、思わず「何よ、馬鹿とは!」と怒鳴り返していたことがあった。彼も思わずはっとしてわれに返ったようだった。

竜也君とのこんな攻防は今思えばほんの一時のことだった。しかしその時は、これが永遠に続くのかと気が遠くなったり、援助者としての至らなさを直に突きつけられているような気がして落ち込むことも少なくなかった。

「体験就労」への挑戦

その後、一度も休むことなく面接に通ってきていた竜也君は、やがてぽつりぽつりと自分のことを語るようになった。

小さい時に父親を亡くしたこと、その時に長男の自分がしっかりしなければと思ったこと、そう思うと同時に学校へも行けなくなってしまったこと、本当は長男の自分が母親や弟たちを守っていかなくてはならないのにそれができない自分に苛立ってしまうこと、お

＊ 転移：過去において両親などの重要な人物に抱いていた感情や行動を、現在の対人関係の中で別の人物に置き換えて再現すること。そのためしばしば不合理な感情や行動が観察される。

金をしっかり稼いで安心させたいと思う一方、母親には甘えたいという気持ちもあることなどを、途切れ途切れながら淡々と話した。

自分の今の気持ちに見合った言葉を時間をかけて一つ一つ選びながら語る姿に、彼本来の誠実さを見る思いがした。

自分の心が大きく動くのがわかった。

そう言えば、彼は「仕事をしたい」と言い続けていた。一貫して仕事に執着していた彼が、なぜあれほどに苛立ったのか。おそらく、仕事が思うようにはかどらない自分、人並み程度にも稼ぐことができない自分に心底苛立っていたに違いない。

早速、建設業者への体験就労を勧めてみた。彼も「もちろんやってみたい」と乗り気だった。

近所で建設業を営む会社社長に、体験就労の形で利用者を一人使ってみてくれないかとかけ合った。二つ返事で了解を得た私は、彼は働きたい気持ちは人一倍強いのだが、今はまだ施設の仕事もなかなか決まってできていない状況にあることを伝えた。

正直のところ、彼が休まず通うようになるとは思ってもみなかった。内心ではこの体験を経て、やっぱり一般就労は難しいと言い出すのではないかと想像していた。ちょっとしたことでプイと怒って帰ってしまう彼、朝も不定期にしか来所できず、ほとんど半日として留まり切れなかった彼の姿が私のなかでは確固としてイメージを形作っていたのだ。

もちろんそれだけではない。どこかで一生懸命背伸びをして今の自分を受け入れることができず、現実と直面するたびに苛立って爆発してしまう生きにくさから、彼自身、一日も早く解放されることを願っていた。

しかし、私の予想は見事に裏切られた。

彼は一週間、遅刻することもなく毎日出勤し続けたばかりか、その翌週も翌々週も、遅刻もせず、ぷいっと帰ってしまうこともなく規則正しく出勤し、与えられた仕事を無事やり遂げたのだった。

体験就労三日目頃、挨拶がてら差し入れを持って伺いたいのだが、と社長に申し入れると、思いもよらない言葉が返ってきた。

「来る必要はねぇ！　竜也君は、今は作業所でなく、社会の中で頑張っているんだ！」

なるほど、彼のことを心配しているつもりだったが、彼を信用していないのは私のほうだった。正直、この三日間はいつ彼が問題を起こし苦情の連絡が入るかとひやひやしていた。そんな私の心配をよそに、彼は今、社会の中で必死に仕事を全うしようとしている。

そんな彼の姿が無性に見たくなった。社長の言葉が強く耳に残ってはいたが、私にはどうしても見ておく必要があるように思え、気づかれぬように覗きに行った。

竜也君は大の大人に混じって黙々と汗を流していた。彼の横顔が凜々しく、ひときわ輝いて見えた。

「本格就労」をためらわせるもの

竜也君は体験就労後も、毎週金曜日の夕方五時過ぎに施設に立ち寄り、面接を継続した。はじめ午前中のみの約束だったが、予想に反しきちんと継続できている彼を見て、面接の度に「午後まで延長してみたらどう？」と促した。

だが、「ほら見ろ、やればできるだろ」と言わんばかりの優秀な勤務状況だったにもかかわらず、彼は頑としてこれを断り続けた。

約束の三カ月が過ぎ、社長からも本格的に仕事をしないかと誘いがあった。私は彼が当然この話に飛びつくものと思っていた。が、ここでもまた私の予想は裏切られた。

建設現場では午前中に一回、休憩が入る。少し年配の男たちとお茶を飲みながら三十分ほどたわいない会話をして疲れを取る時間だ。しかし彼は、それがとてつもなく長く感じられる苦痛極まりない時間だったと話した。大人に混じり、たわいない話をしてお茶を飲むということが自分にとっていかに難しいことなのかをまざまざと突きつけられるような時間だったのだ。

対人関係の練習から、更なる挑戦へ

その後の竜也君は、対人関係の練習をするという新たな目標の下に作業所通いを再開し

た。

それまで、他の利用者と話をしているところなど見たこともなかったが、やがて足の不自由な利用者にそっと肩を貸したり、金銭管理が不得手な利用者と一緒に買い物に行く姿が見受けられるようになった。作業所内行事の幹事に立候補したり、他の利用者やスタッフとも頻繁に触れ合う光景を見るのも珍しいことではなくなった。

まったく予想していない展開だった。

気がつけば、彼が怒りに任せて爆発することもなくなっていた。見る見るうちに表情が変わり、輝きを増していくのがわかった。

爆発しては母親に呼び出されていた日々が嘘のように、穏やかな表情をした彼が生き生きと利用者やスタッフと話す姿があった。

ある時の面接で、私は思わず「変わったわね」と語りかけた。

しかし彼は納得した様子ではない。自分が変わったことに気づいていないのだろうか、と不思議に思い尋ねてみた。

「……本来の自分を取り戻しただけかな」

言葉を選びながらも、さらりと彼は言った。

そうか、やっと本来の自分に戻れただけだったのだ。

私はこれまでの彼を本来の彼と思っていたからこそ、変わっていった彼に驚き、別人のように感じていたのだ。本来の自分を出せずに苦しんでいたこと、もがいていた彼のことを、私はどこまで理解していたと言えるだろうか。

ふと、あの格闘の日々を思い返しながら感慨に浸りかける私を尻目に、彼はいたって涼しげな表情で私を見返していた。

竜也君は、今も、就労に向けてチャレンジし続けている。

これからもどんな形であれ、彼が「うれしい裏切り」を続けてくれることを願うばかりだ。

三時間待ちのドーナツ

ある年の年末、今風で粋な服装ながら、全身に生真面目な真剣さをたたえた、二十歳になるかならないかの女性が地域活動支援センターを訪ねてきた。

出会い—勇気ある第一歩

柿崎なにがしです、と簡単な自己紹介をした後、

「私、最近、変なんです。いらいらしたり、落ち込んだり、ときどき眠れないこともあるんです」

と、少し咳き込むように言った。

言葉自体にそれほどの深刻さは感じられないが、彼女のまなざしと話しにくそうなその口ぶりからは、ずっと一人で悩み続けてきて今度やっとの思いでここへたどり着いたらしいことが窺えた。

「一人で悩んでいたのね。よく相談に来てくれたわ」

いろいろ訊きたいことを呑み込み、まずはねぎらいの気持ちを伝え、簡単に自己紹介をした。

柿崎さんの顔が少しほっとした表情に変わった。

「どのくらい一人で悩んでいたの?」

「うーんと、どのくらいかな。いらいらしたり落ち込んだりしたのは前からあったけど……、ひどくなったのは一人暮らしをするようになってからかなー。あ、今年の四月から私、一人暮らしを始めたんです」

「ということは半年以上になるのね。ずいぶん我慢してたわねぇ。いらいらしたりするというのはどんな時にそうなるの?」

「なんか、それが不意に襲ってくるので、自分でもわかんないんです。いつそうなるのかわからないから、自分でも余計に怖くなるんです。いらいらしたりすると、自分でもどうしようもなくなって……」

現在大学に通っている彼女は、授業中も時々周りの人が怖くなってしまうことがあるが、今のところはなんとか滞りなく通っているという。

　また、母が祖父の世話をしていることもあり、家族にはなるべく心配をかけたくない、長女である自分がしっかりしなければと思う一方、実家にいる祖父母には格別強い感謝の気持ちを抱いていることが言葉の端々に窺えた。

　状況は切迫しているとはいえ、比較的落ち着いた話しぶりの彼女の様子に、ときどき面接に来て話ができるという安心を保障するだけでも落ち着くかなと思い、定期的に面接に来るように提案しようとした時、

「それで、やっぱり悩んだんですけど、こういう感じだと病院に行った方がいいのかなと思っているんですけど、どうでしょうか」

と、私の提案をさえぎるように言った。

　質問というより、ある種の決意表明のように聞こえた。

「……病院に行くことを相談に来られたのですね？」

「はい。実は春に一人暮らしを始めてからずっと悩んでいたんですけど、精神科となるとどうも気が引けて行くことをためらっていたんです。でも、自分の状態が異常なんじゃな

いかと感じたり、自分でもどうしようもないくらい不安になったり、いらいらしたりするので、何とかしたいという気持ちの方が段々大きくなってきたんです」

ここまでの彼女の話から、私はせっかくの決心を無にせず、今のタイミングで受診しておけば彼女の気持ちもきっと楽になるだろうと思い、あるクリニックを紹介した。

医療へつなぐ試み

地域の中で相談を受け精神科医療へつなげていく支援は、私たちＰＳＷにとって大変重要な役割の一つである。

しかしながら、精神科クリニック自体増えているものの、初診の受付が二カ月先、三カ月先というのも珍しいことではなく、なかには新規は全く受け付けないというところもあるなど、今というタイミングで受け入れてくれるところは決して多くはない。

柿崎さんの状態と決意のほどを斟酌して、すぐに受けてくれるところを紹介したのだが、彼女は私から連絡を入れることも一緒に受診することもやんわりと断り、

「自分で連絡して行きますから、大丈夫です」

と、笑顔を残して帰っていった。

それからしばらくは、一、二週間に一度顔を出し、三十分から一時間の面接を行う日が続いた。

クリニックにはまだ行っていないようではあったが、特に今すぐ受診しなければならないような状態とも思えず、私も特に強くは勧めなかった。

面接では、とにかく今は大学がとても楽しい、とうれしそうに話していた。

また、部活動の仲間から思いがけず誕生日を祝ってもらったと、その時プレゼントされた色紙の携帯待受画面を見せてくれたこともあった。

さらには部活動で行った合宿でのエピソードなど、彼女の語るどの話にも、友人たちと過ごした時の喜び、友人を思う気持ちが溢れているようだった。

夜中のSOS

珍しく夜十時を回った頃に電話が鳴った。

「あの、……今、眠れなくて……。あの、……また不安になってきたんです。あの、あの……」

彼女のこれまでにないような切羽詰まった声だった。あの、あの、と何度も繰り返しながら、息もかなり上がっていることが電話越しにも感じ取れた。

それでも、

「夜遅くに申し訳ないんですけど」

と、こちらを気遣うことも忘れなかった。

「お電話ありがとう。不安で眠れないのね。その後、病院には行かれたのかしら？」

「いや、実は行っていなくて、それで明日行ってみようと思うんです」

と言う。

この電話はきっと「一緒に行ってほしい」というメッセージだろうと思ったが、明日は面接とケースカンファレンスで身動きがとれない。

「そう、それがいいわ。明日、一緒に行ければいいんだけど、あいにく予定が詰まっていて動けないのよ。……」

「……」

しばしの沈黙の後、

「……大丈夫です」

と、小さな声が返ってきた。

「ごめんなさいね。でも、明日受診した方がいいと思うのでぜひ行ってきて。明日は私、夕方には時間が取れるから、受診の帰りにでも寄れたらお話ししましょう」

「はい」

と不安げな声のまま電話は切れた。

翌朝一番に紹介したクリニックに電話を入れてみたが、まだ来ていない、次は診察中とのことで医師とは連絡がつかないままになってしまった。

不安な気持ちを抱えながら彼女からの連絡を待った。

翌日の昼間、ケースカンファレンスの最中に電話が鳴った。

「……どうしよう、私、怖くて、怖くて……。どうしよう……どうしよう……。やっぱり病院に行かなければよかった……」

医療とうまくつながらなかったことを示していた。

カンファレンスの場を離れて電話に集中する必要があった。医療機関に連絡できなかったことへの後悔と、どんな対応をしてくれたのかと、クリニックへの不信感を抑えながら言葉を絞り出した。

「どうしたの？　大丈夫だから、何があったのか教えて」

「今、先生のところ受診したんだけど……、先生が、私の手に負える状態じゃないって。それで、入院できる病院に行ってくださいって、追い返されちゃったんです。私、そんなに悪いんですか？　入院が必要って……。入院は、私、いやです」

「そうだったの。連絡してくれてありがとう。……今、どこにいるの？」

「今、クリニック出たところです。……私、入院は、絶対いやです。怖い……どうしよう……」

すぐにも駆けつけたいところだったが、かと言って今このカンファレンスを中座することはできない。

両親に連絡を入れるように伝え、私からも連絡していいかどうかを確認して電話を切った。

早速自宅へ電話を入れると、柿崎さんの母親が、本人からはすでに連絡を受けていることと、この間ずっと心配していたこと、これから本人のところへ向かうつもりでいることなどを大変的確に、かつ丁重に話してくれた。

こうしてすぐにも対応してくれる家族がいれば、支援の糸口は見出しやすい。

私からは、別の精神科病院を紹介し、ＰＳＷの名前も伝えた。

母親は、できれば明日にでも受診させたいと話した。

「入院は絶対にいや！」

私は、病院のＰＳＷに連絡を入れ、これまでの経過と医療に恐怖心を持っていることなどを伝えるとともに、明日は行けるかどうかわからないが、と断って予約を入れた。

実は、こんな無理を聞いてくれる病院はそうはない。しかし彼女の状態を伝えると、すぐに入院が必要なんじゃないの、とあっさり言われてしまった。私の読みが甘いのか。

夕方、母親から電話があり、今はなんとか落ち着いていること、でもまだ心配なので今晩はこのまま付き添うとのことだった。

その晩、夜も十時を回った頃、再び母親からの電話が鳴った。

「病院に行きたくないと言い始めてどうしようもありません。今から来てもらえませんか」

急いで駆けつけてみると、彼女が頭を抱えながらもだえていた。

「あー、どうしよう……、あー、なんでこんなことになっちゃったのー。……あ、なんで村江さんがここにいるの?」

「ちょっとそこまで来たので寄ったのよ。昼間、電話もらって心配だったし……」

と、持ってきたドーナツを差し出したが、それには目もくれず再び頭を抱え込んでしまった。

「あー、どうしよう、なんでこんなことになっちゃったのー」

母親を目で促して彼女の手を握り締めた。

しかしそれも即座に振り切り、またも頭を抱えて身もだえ始めた。

「ご飯を食べた後の六時半頃からずっとこんな感じなんですよ。明日一緒に病院へ行こうと言ったら、どうしようもなくなってしまって……」

と、彼女の肩を抱きかかえながら母親が言った。

そして、

「もう大丈夫だから、寝ましょう」

と、繰り返し娘に話しかけた。

「あ、村江さん、来てくれたんだね。私んち、どう？　今、ここで一人暮らししているんだよ。あそこがキッチンで、あそこがお風呂……。村江さん、ご飯食べた？」

「ええ、食べたわ。柿崎さんは？」

と言った次の瞬間、彼女はまたしても頭を抱え込んで黙ってまった。恐怖におののく彼女を見て再び強く手を握り締めた。

その後しばらくは、他愛もない夕食の話や大学の仲間たちの話など、話題はいろいろ変わるものの時折笑みを浮かべながら話し続けた。

そうかと思うと、

「やっぱり、明日は絶対に病院なんか行かない。入院は絶対にいや!」

と、叫ぶように繰り返した。

時折、「辛い」と言っては涙を流した。

私も一緒に泣きたい気持ちをやっとこらえていた。

病院へ行くかどうかで電話をくれた時から不眠を訴えていたが、すでに一週間以上もほとんど睡眠がとれていないようだった。

「とにかく、まず、休もうよ」

と、私は自分にも言い聞かせるように、彼女に語りかけた。

母親が再度、

「もう、大丈夫だから、寝よう」

と、声をかけると、彼女は何かに怯えるような眼差しを残して寝室へ入って行った。

信念のゆらぐ瞬間

私は、母親に挨拶がてら改めて、今日の素早い対応に対する感謝の意を伝えた。

すると母親は、

「明日なんとか受診させようと思って話していたんです。そしたら……」

と、呟くように言って座り込んだ。すっかり疲れ果てている様子だった。

柿崎さんの今の様子を見る限り早い方がいいのは確かだが、かと言って無理強いはしたくない。無理に医療へつなげても後で苦労するのは彼女の方だ。

が、もしこのまま彼女が病院を拒み続ければ、いずれ手遅れになるのは明らかだった。

しかし私には、彼女が納得して受診してくれる自信などすでに持てずにいた。

私の信念がゆらいだ瞬間だった。

と、その時だった。

ばたっと音がして、寝室のドアが開いた。

「村江さん、いる？　帰ってない？」

と、ぱたぱたっと部屋の中を駆けてきた。

寝ぼけ眼で足元もふらついている。

「あらっ、どうしたの？……大丈夫、いるわよ」

と答えながらも、そろそろ帰ろうかなと思っていた気持ちを見透かされた感じだった。

「大丈夫だから、安心して休んで」

と、彼女の肩を抱えながら寝室へ戻り、再び布団に入るのを見届けた。

「明日の朝、顔を出しますので、その時受診できそうでしたらご一緒します」と伝えて、アパートを後にした。

時計の針は午前一時過ぎを指していた。

漸くこぎつけた受診の時

翌朝、アパートのベルを鳴らすと、柿崎さんが半乾きの髪のまま私を出迎えた。シャワーでも浴びたのだろう、いかにもすっきりした表情だった。

「おはようございます。どう？　少しはゆっくり休めました？」

「はい、どうもありがとうございます。……村江さんも今日なら病院へ行ってくれると母から聞いたので、今から行こうと思います」

と、宣言するように言った。

昨晩のことがまるで嘘のような彼女の様子とその表情から、改めて精神科の病気の難しさを思い知らされた気がした。

そんな心中を見透かされないように、私は彼女と同じ目線でかかわることを強く意識しながら言った。

「そう、それはよかったわ。……私、外で待っているわね」

昨日の彼女も、今日の彼女も、どれもみな同じ彼女だ。

改めて、そう自分に言い聞かせた。

母親の運転する車が病院に近づくと、再び彼女は硬直し始めた。駐車場に着く頃には表情も一変し、さらに硬く、震え始めていた。

「大丈夫、大丈夫、お母さんも私もついているから」

と、一歩踏み出す度に声をかけながら玄関へと歩いた。

予約を受けてくれたPSWに付き添われて、間もなく診察となった。

しかし、名前を呼ばれ診察室へ進もうとするが、まったく動かない。入りたくないという意思を体全体で表していた。しかし強引に彼女の体を抱きかかえて、やっとの思いで診察室へ入った。

入った途端、逃げ出す体勢をとる彼女の腕を抑え、医師が慌てて声をかける。

「どうした？　そんなに怖いか？」

「……」

「大丈夫だから、ゆっくり話そう」

と、静かになだめながら診察用の椅子に彼女を座らせた。

そして、

「いつ頃からこんな感じになりました？」「今は何が怖い？」「何か見えることがありますか？」「何か聞こえてくることはありますか？」

と、矢継ぎ早に問診の言葉を投げかけた。

時折、苦しそうに私たちを振り返り、今にも泣き出しそうな表情を見せながらも、彼女は必死にそれに答えた。

柿崎さんの応答ぶりとその様子から、医師は、

「今すぐにも入院した方がいいと思う」

と告げた。

するとと柿崎さんは、

「絶対に、いやです。入院だけは、絶対にいやです」

「今の状態では通ってくるのも大変だから、入院してお薬をきちんと飲んで、ゆっくり休むことが必要だよ。入院が何でそんなにいやなんだい？」

「とにかく、いやなんです！」

同じ言葉を彼女は繰り返した。

彼女がこう言い続ける理由を、私はこの時までは医療不信のせいだとばかり思い込んでいた。

医師との押し問答にも彼女はひるむことなく、入院を拒否し続けた。

むろん、母親が同意すれば医療保護入院*という手段もないわけではなかったが、母親はそうすることを望まなかった。

医師も遂に根負けして、

「……それでは、とにかくアパートの一人暮らしはしばらくやめて、実家に戻ってお家で療養をしながら通ってください」

と提案した。

＊　医療保護入院：精神科医療機関への入院には、本人の意思によらない、いわゆる強制的入院の規定がある。その一つは、本人の同意が得られなくても家族など保護者の同意があり、精神保健指定医と呼ばれる、研修等の条件をクリアした医師一名が必要と判断すれば入院させることができる医療保護入院、もう一つは、精神保健指定医二名が自傷他害の恐れがあると判断した場合の措置入院である。

入院を拒む本当の理由《わけ》

今の彼女に医療が必要なことは火を見るより明らかだった。

しかし、たとえ今入院しなくても、家族と私たちが、やはり入院が必要だと彼女自身心底思えるようになるまでサポートし続ける覚悟をすればいいのだ、と思った。入院を拒否し続ける彼女の強固な意志に、逆に勇気づけられる思いだった。

帰りの車の中で彼女は大学の友人の話を始めた。

「大学の仲のよい仲間たちは私の宝なの。本当に大好きで。こんないい友人に出会えたことは一生の宝よね」

と、とても誇らしげに話してくれた。

そう言えば昨晩の混乱状態の中でも、彼女はかわいいデザインの施された紅茶缶を持ってきて、

「大学の部活仲間からもらったの」

と、大事そうに見せてくれた。

「本当にうれしかったわ」

と話す彼女は、それこそどこにでもいる普通の大学生の顔だ。

「入院にならなくて本当によかった。私、今の大学の仲間と絶対、離れ離れになりたくなかったの」

と、遠くを見る目になって呟いた。


彼女は、その後も何度となく危うい局面を潜り抜けながらも何とか入院することなく大学を卒業した。彼女が大学生活を続けられたのは、ひとえに彼女と彼女の友人たちの友情の深さゆえだったように思えてならない。

時には授業中に、恐怖のあまり教室を飛び出し、保健室でその恐怖心を凌ぎきったことも一度や二度ではなかった。

授業の後、彼女の鞄やノート、テキストやらドリンクを持ってきてくれた友人が、彼女が落ち着くまで見守ってくれていたこともあったという。

三時間待ちの思いの深さ

卒業後間もない頃だった、久し振りに柿崎さんがセンターを訪ねてきた。

「村江さん、これ知ってる？　有名なドーナツなの。これから友人のところへ持って行くの」

と、昨日、三時間も並んでやっと手に入れたという一ダースのドーナツをとてもうれしそうに見せてくれた。

友人たちのために三時間も待ってドーナツを買い込んでくる彼女の思いの深さを、仲間たちはどんなふうに受け止めてくれるだろうか。

想像するだけでも涙がこぼれそうだった。

ふと、目の前にいる満面の笑顔に、苦しんでいた時の彼女の顔がだぶった。

もしもあの時入院していたら、こんなふうにドーナツ片手に笑顔で訪れることができていただろうか。

この間の闘病生活を振り返り、私はひときわ感慨深い思いに包まれた。

そして、そんな彼女の純粋さと優しさから、忘れかけていたものをたくさんもらったような気がした。

それから一年、柿崎さんは今も仲間と連絡を取りながら、一人の大人として厳しい社会生活を切り開いているようだった。

それでも時折は、その悪戦苦闘ぶりを話しに来てくれるのだが、最後には必ず判で押したように、

「私、本当に同僚や先輩に恵まれているの」

と言って帰っていく。

平手打ちのこころ

「バシッ」と、横面を思いっきり平手打ちした。

秋山さんの頬は真っ赤になった。

閉鎖病棟の看護ステーション、それまでは聞くともなく私たちの会話を耳に挟んでいた周囲の看護師も、息を呑んで事態を見守る気配に変わった。

病室から「自分の部屋」へ

秋山さんは約二十年の入院に終止符を打ち、一人暮らしを実現させた人だ。そのきっかけは両親の死亡に伴う、退院先の消滅だった。自宅が姉妹によって処分されたのである。

それまでは、彼はいずれ自宅に帰るつもりだったようだ。

まだ四十代前半、十分頑張れるはずだ。そんな話を繰り返し、病棟での料理教室に参加してご飯炊きを覚えたり、病院と契約している町工場にも一緒に見学に行ったり、新たな暮らしの準備を一年半もかけて、共に歩んできた。

「ほんとに退院できるのかな」「洗濯機と冷蔵庫を買うにはお金が足りないよ」「姉貴が家を処分してなけりゃ帰れたのに」などなど、退院が近づくに連れて高まる不安に何度も耳を傾け、現実的な心配は一緒に行動することで、一つずつ安心感に変えた。


秋山さんがアパートを借りて退院したのは、真夏の暑い時期だった。家財道具を買いに同行し、職員から寄付された中古の家具を一緒に部屋まで運び込んだ時は汗だくだった。

その後、毎月一回訪問した。四畳半一間と台所、部屋の真ん中にあるテレビの上には、昨年末に病棟で催した餅つきの写真が飾られていた。

一緒にお雑煮を作っている時の風景。目の前の秋山さんは、写真と比べると日焼けして引き締まった印象になっている。

そんな写真を前に病院での思い出話をすることもあったが、「退院してよかったよー」と言う時の彼の笑顔は、何よりも私をうれしい思いにさせてくれた。

病院は「暮らす」場ではない。自分一人の空間を持ち、自由な時間を手に入れ、のびのびした生活を実現した喜びの声、それを聞くのは、共に歩んだ一年半を癒されるような思いだった。

隣人のいる暮らし、そして再入院

この暮らしに波風を立てたのは、皮肉にも自由な空間を彼が満喫したことによる。毎朝両親の位牌にあげる読経の声が大き過ぎたのだ。

隣人からの苦情が絶えなくなり、しかし信念を曲げない秋山さんは、ある日、家主と口論になる。その場はどうやら収まったようだが、その頃から秋山さんの言うことに不平不満が急激に多くなった。

「隣の女がいつも大声を出すのに家主は注意しない」「上の階に住んでいる一人暮らしの男は夜中に騒ぐ」「家主が箒で庭を掃く時、俺のところにゴミを置いていく」

私には事の真偽を確かめる方法がなかった。

しかし、状況全体から考えて、そして診察や訪問時の秋山さんの様子から推して、被害妄想的な発想が悪化しているように感じられた。

秋山さんは家主との口論を繰り返し、ついにアパートを出て行ってくれと言われてしまった。

行き場所を失ってどうしたらよいのか。

考えて夜も眠れなくなった秋山さんは、すっかり意気消沈し、保証人である姉に付き添われて来院した朝、そのまま自らの希望で再入院した。

入院しなくてもやり過ごせる程度の症状だったと思う。しかし、自宅を持たない秋山さんにとって、アパートを追い出されることは根無し草になることだ。

こうして病院に吸い込まれていく患者さんは稀ではない。

秋山さんの脇に立つ姉の申し訳なさそうな顔に、私は「お姉さんのところにも行かれないんですよね？」と念を押した。

再入院した秋山さんは、さっぱり元気がなくなっていた。今思えば、一人暮らしの疲れもあったのかもしれない。

現在と違って当時はヘルパーの制度もなく、週に五日は市内の作業所に通い、週末に家事全般をやりこなすことは、二十年の入院を経てはじめて一人で暮らす秋山さんには大変だっただろう。

しばらくはそっとしておこう、私はそう思った。

と言うよりも、他の仕事がたくさんあったから、肩を落とし黙って病棟にいる〝一患者さん〟にかける時間を私は持たなかった。

『患者』という免罪符

その日は、何人かの患者さんから相談の希望があり、私は午後一杯を病棟で過ごした。看護ステーションで相談を受け、話が終わるとカルテに経過を書いていく。その作業はガラスドア越しに、廊下の患者さんたちからよく見えている。

相談の用件はないが、一言話そうと、ドアの前でしゃがみ込む人もいる。ステーションから出て行く時、そんな彼らと他愛のない会話をするのも私は結構好きだ。

秋山さんが不意に私の方へ寄ってきた。久しぶりのことだ。

笑顔で応えようとしたその瞬間、秋山さんの手が私の胸に伸びた。

「ハッ」とした。

引きつった私の顔に、

「広川さん、俺、こんなことになっちゃたんだよ。少しくらいイイ思いしたっていいだろう」

と、哀れっぽい目を向けている。

私は咄嗟に秋山さんの胸ぐらを摑むと、そのまま看護ステーションにとって返した。血相を変えている私に、いくぶん警戒した表情で看護師長が寄ってきた。

事の顚末を告げると、彼女はゆっくりと言った。

「秋山さん、あなたは、してはいけないことをしたのよ。広川さんは、とっても傷ついたの」

そうだ、私は傷ついたんだ、と自分の中でも少し納得してこころが落ち着いた。

しかし、その後の秋山さんの言葉がまずかった。

「だって俺、もう駄目なんだよ。どうせずっとここにいるんだからさー」

――だから何だって言うの？　ここにいるなら何をしてもいいって言うの？　第一、ずっと病院にいるって誰が決めたの？

看護師長を相手に延々とご託を並べている秋山さんに、私が一撃を喰らわせたのはその時だった。

本気でその人と向き合う

「何で殴られるかわかるよね。病院にいれば何をしてもいいと思ったら大間違い！　世の中では痴漢行為は犯罪だし、殴られるくらいじゃ、済まないよ」

「秋山さん、今回は病院に戻ってきたけど、またの機会があるでしょう。どうしてずっと病院にいるって決めつけるの？」

「あなたとの信頼関係はこれまでだわ。今日で担当ＰＳＷは辞めさせてもらいます。相談室に帰って誰かに秋山さんを引き継いでくれるようにお願いしておきます。決まったらそのＰＳＷが挨拶に来ます」

私以外、二人しかいないＰＳＷのうち、どっちに頼めるかなと思案しながら私は一気に言い放った。

――たぶん今日の看護師の申し送りはこの話題で盛り上がるだろうな。いや、それよりも患者さんを殴っちゃ、まずかっただろうか……。院長から怒られるかもしれない。だけど私は黙って耐える立場ではなかったはずだ。秋山さんと私のこれまでの信頼関係に、先にひびを入れたのは向こうだもの……。でも患者さんだからなあ。

そんなことを頭の片方で思いながら、秋山さんをじっと見た。

頰に手を当ててうつむいている。

ステーションの中は、いつもなら帰宅時間の近づいた看護師のおしゃべりや、タバコだの薬だのを取りに来る患者さんの出入りでざわつくはずが、しんと静まりかえっている。みんなが息を潜めている。

そんな時間が、私と秋山さんを遠巻きに包んでいた。

「……すいませんでした」

頰に手を当てたまま、ぼそりと秋山さんが言った。

私は、黙って病棟を出た。

正直言って、胸を触られたのは何も秋山さんがはじめてではない。たぶん、たいていの女性職員が、いや男性職員だって一度ならず経験することだろう。もちろん、スキンシップとか、慰めとか悪戯とかいう言葉で許される行為ではない。しかし、私が本気で怒った挙句、殴るまでしたのはこの時だけだ。際どい行為かもしれないが、この時の私は、本気で秋山さんと向き合ったつもりだ。

腹が立ち、傷ついたのも事実だろうけど、それよりも、ここで『患者扱い』して許したら、それこそ、この人は一生「患者」のままだと、そんな信念めいたものがあった。とは言えやはり、賛否のあるところではあるだろう。

秋山さんには、ほどなく、私よりも若い女性PSWが相談役として挨拶に行った。しばらくは何の相談もなかったようだが、再び意欲を取り戻した結果、ちゃんと一人暮らしのアパートを別のところに借り直し、元気に退院していった。

ほらごらん、退院したじゃない。私はそう言ってやりたかったが、黙っていた。

その後も、彼は入退院を繰り返している。その都度、アパートも引き払う。
それでも、彼はまた、戻っていくのだ。
そう、「患者」ではなく「病気を抱える一市民」としての暮らしへ――。

第三の住人

「帰っても寝るところがない」

開放病棟に長く入院している高田さんは、人柄の穏やかな人だった。

あまり周囲の人とは交わらず、一人でいることが多かったが、笑顔でふんわりとした話し方をするのが印象的だった。

ただ、話す内容は慣れるまで三分の一も理解できなかった。発語に力がなく、発音が不明瞭な上に、こちらの問いかけに、「うん、うん、それはね」まではよいが、五秒後には笑顔で違う話題に逸れてしまう。

むろん本人に悪気はない。言葉のキャッチボールは成立しており、傍から見ると会話は成り立っているように見えるのだが、こちらが野球のボールを投げても、返ってくるのはいつもテニスボールやバスケットボール、時にはバトミントンの羽根だったりする。

話す内容をこちらなりに解釈しつつ、聞きたい情報を得るにはかなり時間を要したが、時間をかけても必要な情報が得られるわけではなかった。

そんな高田さんと退院について話した際、なんとか理解できたのは、部屋が片づいていないために自宅へ帰っても寝るところがないという訴えだった。

私には、あのアパートには帰りたくない、と言っているようにも聞こえた。

「母は、言うこと聞かないしねぇ……、でも帰るのは……あそこしか……ないからねぇ。……もっと、きれいなところに、住めるといいんだけど……」

笑顔でそう話していた。


入院患者さんが退院する場合、通常、退院に向け、まず外出して部屋に戻り、次に外泊訓練を行って徐々に自宅へ帰る日数を増やし、問題がないか見極めた上で退院となることが多い。

高田さんもそのパターンを繰り返す予定だった。

しかし、自宅へ帰ることにあまり積極的ではないことから、担当のＰＳＷと病棟看護師とで外泊時の様子を見て、母親からも話を聴くため自宅訪問を実施することとした。

看護師と二人、片づかない部屋へ

しかし、当時就職して間もなかった私は、患者さんの自宅訪問の経験がほとんどなく、片づいていない部屋の程度というものが想像できなかった。

同行したベテラン男性看護師が、高田さんの部屋に向かう道すがら、車の中でこう声をかけてきた。

「靴下は二枚重ねにしてきたか?」

私は何の話かわからず、「いいえ」とだけ答えた。

すると、

「こういう時はスリッパを持っていっても汚れるから、要らない靴下を上に履いて、帰りに脱いで捨てるんだよ」

と、得意げに教えてくれた。

それはいくらなんでも失礼なのではと思い、ちょっとイヤな気分にもなったが黙っていた。

それにしても、それほどすごい部屋があるのかと思うと、どこか洞窟へでも探検に出かけるような気分だった。

男性看護師はさらに続けて、こう付け加えた。

「飲み物を出そうとするから、うまく断らないとな。すごいコップで出されるから」

汚れた部屋にまつわる武勇伝を一通り聞き終わった頃に、高田さん母子が住むアパートに着いた。


いったい何が出てくるだろうか、と不安に駆られながら部屋のドアをノックした。

待っていたかのように、すぐに高田さんが中からドアを開けてくれた。いつもの満面の笑顔だ。

玄関に入るとすぐ左手に台所があり、部屋はその奥で襖が開いているのが見えた。

「お茶でも、淹れましょうか」

と、高田さんは気を遣ってくれたが、男性看護師が即座に、

「高田さん、気を遣わないでいいからね」

と、制した。

それでも高田さんはお茶を淹れたそうで、口の中で何かしきりに呟きながら、台所で急須に手を伸ばした。

その動作を無視するように、件《くだん》の男性看護師が、

「お母さんは奥？」

と訊く。

高田さんが頷くと、

「お邪魔しまーす」

と言うなり、そのままずかずかと奥へ入っていった。

物、物、物の山が暗示するもの

開いた襖から部屋へ入ると、そこは四畳半くらいの窓のない和室で、電気もついていないせいか薄暗かった。

押し入れもあるにはあるのだが、畳の上にも物がびっしりと置かれ、奥の部屋へと続く〝けもの道〟のような細い足の踏み場以外、畳らしいものは見えない。そこここに無造作に置かれた物の山は、通常ではとても保存しておく価値のあるものとも思えないものばかりだった。

驚いたことに、中にスキー用具まで混じっていた。とても高田さんがスキーをするようには見えなかったが、そこにある物の群れから推測するに、高田さんか母親のどちらかが、捨ててあるゴミを拾ってきているのでは、と訝った。

なぜかそこでふと、私は高田さんの「生活」に触れたように感じた。病棟での姿しか見たことがなく、高田さんがどうやって地域で生活してきたのか、それまでまったく想像することができなかった。が、一瞬、ゴミの日に道ばたで掘り出し物を見つけ、うれしそうに拾って帰る姿が目に浮かび、それが高田さんの生活する姿としてむしろリアルに感じられたのだ。

〝けもの道〟を通り抜け、母親のいる部屋へ入ると、そこは奥が全面窓になった明るい六畳間だった。

部屋の左側にパイプベッドが置いてあり、そこにきちんと洋服を着た母親が横たわっていた。

私たちが入っていくと、体を起こしてベッドに座った。

その部屋にも物が溢れていたが、ベッド脇にほんの僅かながら畳の見えるスペースがあった。

おそらくは、そこに布団を敷いて高田さんは休んでいるのだろう。他に人が一人寝るだけのスペースは見当たらなかった。

そこなら何とか座れそうだと思い、二人で自己紹介をするが、母親は耳が遠いらしく、補聴器をつけていてもなかなか思うように話が通じない。

漸くこちらの正体がわかってもらえたところで、私は母親の近くに座った。男性看護師は突っ立ったままだった。

母親は七十歳を過ぎていたが、痩せていて年齢よりも老けて見えた。

「ずいぶん、物がたくさんありますね」

と声をかけるのだが、同じことを三回繰り返さないと理解してもらえなかった。

そこで私の方から、そろそろ退院の時期も考え、外泊する回数や日数を調整する必要があることを伝えた。

さらに、男性看護師が、

「息子さんが退院するにしても、このままでは生活がままならないでしょう？　もうちょっと片づけられませんか？」

と、大きな声で話しかけると、何とも意外な返事が返ってきた。

「どこを？　ちゃんと片づいてますよ！」

駆け回る「第三の住人」

その時、私は、ふとした異変に気づいた。

高田さんと母親以外の、この部屋にいる第三の住人の気配を……。

最初は、母親の座るベッドが寄せてある壁だった。

話しながら母親を見ていると、背後で何かが盛んに動くのがわかった。最初は何か虫でもいるのかと、さほど気にもとめなかった。が、次第に緊張がほぐれてくると、周囲によく目が届くようになり、その住人の尋常ではない数の多さに息を呑んだ。

最初は人の動く気配に身を隠していたのか、どうして気づかなかったのだろうと不思議に思えるほど、あたり構わず駆け回っている。

そう、それは紛れもなくゴキブリだった。一、二センチほどの茶色い、小さなタイプのゴキブリの群れ——。

気になって見回すと母親の周りにも、パッとみただけで数匹、視線を落とすと正座している私の膝の前でも、運動会よろしく数匹が走り去っていった。部屋をぐるりと見渡すと、目に入るだけで二十数匹前後、部屋中にいったいどれだけいるのか想像するだに鳥肌が立った。

しかし、そこで突然立ち上がったのでは失礼な気がして、私はそのままの姿勢でじっと耐えた。

が、こうなると話題にしないのも不自然に思え、

「このゴキ……、いや、虫は、気にならないんですか？」

と訊くと、母親はまたも、思わぬことを言った。

「どこに⁉　虫なんてどこにもいないじゃないの」

薄気味悪さに身震いするのを感じながら、一方で私は、

「気づいていないはずはない。もしや、これはペットなのか？」

などと、埒もないことを考えたりもした。

そこへ、時間をかけてお茶を淹れていた高田さんが、笑顔で何やら呟きながら、ゴキブリの走り去ったスペースに湯飲みを置いた。

気持ちはありがたかったが、とても口をつける気にはなれなかった。

男性看護師は相変わらず立ったまま、高田さんから差し出されたお茶を受け取ったが、飲む気はまったくなさそうだった。

窓際に立って、こちらのやり取りを笑顔で見ている高田さんと目が合った。

せっかく淹れてくれたのに口もつけないのは失礼な気がして、ゆっくり湯飲みを持ち上

げ、まさかとは思いながら湯飲みの中を確かめ、少しだけ口をつけた。微かにお茶の味がしたが、それ以上は飲めなかった。

「ほら、……そこにも、ここにも、いますけど……」

と、指さしながら母親に告げるが、

「どこに？ ……見えませんよ、なんにも……」

という返事しか返ってこない。

見ると、男性看護師が、お手上げといったジェスチャーで、「出よう」と合図を送ってきた。

解けない「胸のつかえ」

「では、またご連絡しますが、部屋はもう少し片づけておいてくださいね」

男性看護師がこう言い置いたところで、私は立ち上がった。

その時、膝の辺りで蠢いている住人に気づき、母親や高田さんに気づかれないように手で払った。そして台所へ立ち、そーっと湯飲みの中身を流しシンクに置いた。

玄関で男性看護師が、靴を履く前に重ね履きした靴下を、これ見よがしに脱ぎ捨てた。見送りに出ている高田さんの目の前でそれはないだろうと思ったが、口をつぐんだ。

型どおりの挨拶をし、部屋を出て十メートルほどは二人とも無言で歩いた。

「なっ、靴下重ねるのは必要だろ⁉ それにしても、ゴキブリすごかったなー」

「……すごかったですねぇ」

それだけ言うと、あとはなんとも言えないどんよりした何かが胸につかえ、何も話す気になれなかった。

話しかけてくる男性看護師に生返事を返しながら、重い足取りで病院へ戻った。


それにしても、あの胸のつかえは何だったのだろうか。

高田さん母子の部屋を見て、あまりの事態に収拾のつかない思いに囚われたからだろうか。あるいは片づかない部屋にゴキブリの大群、そこへ退院するという高田さんと、母親のあの何とも覚束ない態度や物言い、衛生状態の劣悪と貧困等々、自分の許容範囲を超える事態がどうにも消化しきれなくなったのかもしれない。

後日、母親は白内障のため、視力がかなり低下していることがわかった。「虫なんてどこにもいない」と言い張ったのはそのせいだった。

こうして、高田さんが退院しても母親のアパート生活自体無理と判断した福祉事務所の勧めで、母親は結局老人ホームへ入所することになった。

いまだに続く自問自答

その後、以前から高田さんにかかわっていた保健所保健師が部屋の掃除を提案、高田さんの立ち会いの下に、保健所職員ともども総勢五人がかりで部屋の掃除に取りかかった。

掃除の大変さは予想をはるかに超えるものだった。

保健所職員が畳を上げ、思わず喚声をあげる。見たことも聞いたこともない虫の大群が湧き出るように這い出してきたからだ。あとで保健所衛生課の職員が写真に収めに来るほど珍しいものだったという。

結果、ありとあらゆるゴミの詰まった大きなゴミ袋が三十個ほど、粗大ゴミに回さなければならないゴミも少なくなかった。


今、高田さんは、きれいに片づいたその部屋で、病院の訪問看護を受けながら一人で生活している。相変わらず何を言っているのか、半分程度しか理解できなかったが、柔らかい笑顔は健在だった。

しかしながら、私の胸のつかえはいまだにすっきりすることがない。

男性看護師に感じた如何ともしがたい違和感、そして高田さんが時間をかけて淹れてくれたあの微かなお茶の味……。

自分のとった行動が正しいとも、男性看護師が間違っているとも思わないが、本当の答えはわからなかった。

結局、私は、こう考えることにした。

何も感じないのではなく、胸に何かが重くつかえている、そう感じ、そう感じていられる自分でよかったのだ、と。

ばら色の頬

殺風景なその部屋には、机と、向かい合わせに椅子が四脚。窓際のブラインドは常に下ろされていて、外の景色に縞模様を作っている。

「相談員　広川」という名札のある私の前に、品のよい婦人が丁寧なお辞儀をして腰を下ろした。

ここは行政機関が市民のために設けている相談室で、私はここへ月に一回、二時間だけ座る。このスペースのことは市の広報誌に掲載されており、相談を希望して訪れる市民のために一人二十分の相談が無料で提供される。

面接の方針―受診の勧めか、体験の活用か

今日の相談はこの婦人と、他に一件だけなので、二十分にこだわらずともよい。私は少

しゅとりを持って挨拶し、婦人が口を開くのを待った。

――娘が近く結婚する。結納も済ませた。しかし、どうしても彼女の連れてきた男性に好感が持てない。大切な娘をあんな男性に嫁がせるのかと思うと虚しくて涙が出てくる。夜も眠れない。考え出すと胸がドキドキする。先日は、動悸がひどくなって、倒れそうになってしまった。自分はたぶん精神病だと思う。二週間後に迫った娘の結婚式に出る自信がない。

婦人が涙を流し、声を震わせ言葉を途切れさせながら語ったのは、おおよそこういう内容だった。

さて、どうするか。

私は「保健医療相談」を担っているので、娘の結婚話に不満を持つ母親から、健康面でのケアの方法に関する助言を求められている。この婦人も『精神病』というキーワードを持ってここへ来たのだろう。

確かに、症状を聞けば「うつ状態」と言えなくはないのかもしれない。近場の精神科クリニックを紹介し受診を勧めれば、この相談を終えることはできる。

しかし、それでよいのだろうか？


私は自分のことを振り返った。

私が結婚したいと言った時、そして、彼の写真を見せた時、結婚に向かって現実に動き出してからも、何度も繰り返した母との会話。たぶん母は私の夫に対してかなり悪い印象を持っていた。

というよりも、たとえトム・クルーズを連れてきたって印象はよくはならなかったはずだ。それが大切な娘を嫁がせる母親の気持ちというものだろう。

今後の母娘関係を決める大切な通過儀礼の最中に、おそらくは目の前の婦人もいるのだろう、私はそこに居合わせたのだと考えた。

母親のアンビバレンスを聞く

「何がそんなに許せないんですか？」

——義理の息子になろうとしている男性は背が低く、初対面の時の挨拶も冴えなかった。先方のご両親は娘を気に入っているらしく、結婚を歓迎しているが、キャリアウーマンの娘に早く孫の顔を見せてくれと言うあたり、どうも娘のキャリアを否定されているようで納得がいかない。しかも、最近転勤で他県に赴任してしまった彼との結婚生活と引き換えに、娘は退職するのだ。なぜ仕事を辞めてまで……。

婦人は上品な口調で、時に顔をしかめたり、「こんなことは言いたくないのですが」と前置きしたりしながら、その男性の気に入らない点をあげつらった。

「お嬢さんは、奥さんにとってどんな娘さんですか?」

今度は、口を極めて娘がいかに優しく、家族思いであるかを述べたてた。成績がよくて職場でも重責にあること、母親の口から言うのもなんですが、と言いながらも、スタイルもよくて可愛らしく、男性にはモテたこと、そして母親もこの人ならと思った男性との交際が過去にあったことなどの話を、私は根気強く相槌を挟みながら聞き入った。

この婦人は、本当に娘さんを大切に育ててきたのだろう。そして、娘さんもそのことを重々承知していて、母親にもきっと祝福されて嫁ぎたいのだろう。

だからこそ、転勤の決まった婚約者からの、結婚式を早めたいという申し出にも、両親の望む形での結納という段取りをきちんと踏み、新居の準備にも母親を立ち合わせているのだろう。

私は、もう一度、考えた。

精神科のクリニックを紹介するのは簡単だ。

しかし、薬の効果は寝つきの悪さや動悸の改善であって、娘を嫁がせる母親の晴れない気持ちを納得させることにはならないだろう。

「確かに、今おっしゃったような症状はこころの問題が体に影響を与えているのでしょう。精神科でお薬をもらえば、楽になると思います。ここから近くには三カ所の診療所がありますす。どこも予約制ですが、一度受診されてみてはいかがでしょうか」

私はとりあえず、近隣の診療所名と電話番号をメモし、受診を勧めることにした。

祝福する勇気を讃えて

その上で、もうだいぶ前の話になりますが、と前置きして自分のことを話した。

「私も結婚する前に母に反対されたんですよ。反対というか、母は私を夫に取られてしまうように感じていたのだと思います。でも、最終的には祝福してくれました。どうやって母が気持ちをやり繰りしたのかはいまだにわかりませんが、ある日、披露宴で使いなさいといって真珠のネックレスを取り出してくれたんです。あの時から私は、母がいつも私のことを、私の幸せを願ってくれていると実感することができています。今も生きる力をあの場面からもらっているような気がするんです」

婦人の目から涙が流れた。そして、

「私も、娘に祝福の言葉をあげたいと思っていたんです。何度も言おうとしたんです」

と、息を吐きながら言った。

温かい声だった。

「そうですね、きっとお母さんのお気持ちは娘さんにも通じると思いますよ。これまでもそういう母娘でこられたんでしょう？　その関係は何も変りませんよ。今日、ここに来られたのは、きっと娘さんに祝福の言葉を伝える力がほしかったからではありませんか？見ず知らずの他人にこころの内を話す勇気、娘さんの幸せを祈る親心、それを今日、確認できたのではありませんか？」

「結婚式に出て、笑顔と涙で娘さんを送り出してあげたらいかがでしょうか」

涙を拭き、顔を上げた婦人の顔は、さっきまでとは違うばら色の頬をしていた。とてもきれいだと思いながら、私は席を立つ婦人を見送った。

浪費する夫――来談の真意は？

二番目の相談者は、小さな女の子を膝に乗せていた。

彼女が持参したメモには、これまでの夫との結婚生活、その中での度重なる夫の借金と夫婦喧嘩、別居を繰り返してきたいきさつが事細かに記されている。

「今日は、ここの保健医療相談で何を相談されたいんですか？」

私は、時間を気にしながら尋ねた。

一回きりの短時間の相談場面、夫婦の暮らしの詳細をどこまで聞かねば本題に入れないのか、少々不安に感じて単刀直入に尋ねることにした。

しかし、一方で長年の経験から、この来談者の意向の予測はついていた。

夫の浪費グセは治りますか、ということだろう。

ところが私の予想に反して、彼女の口から出た言葉は、離婚しようと思う、自分のこの考え方は病気っぽいのかどうかを知りたいということだった。

人に話せば、早まるな、子どものことを考えろと言われ、親には精神的に参ってるんだから医者に行けと勧められるそうだ。

私はもう一度、彼女の持参したメモに目を落とした。

結婚して間もなく、夫に借金のあることが発覚。パートに出て家計費をやり繰りしながら返済したのは彼女の方だった。

堅実な妻は独身時代の預金も活用して計画的にマイホームを購入。かくて子どもが生まれたまではよかったが、夫はその間にも何度も借金を重ねていた。

使い道は些細なことの積み重ねらしい。責めれば喧嘩になる。実家に帰っては、夫が謝りに来て戻るという繰り返しだった。

もうしないと交わした約束は、何度となく破られていた。

ところどころに「精神科受診」という語句があった。不眠やめまいがあったそうだ。

夫婦のエピソードをなぞりながら彼女の行動を確認し、その時々の気持ちを語ってもらった。

彼女が涙ぐむと、膝の上の女の子もむずかる。

それをあやすように彼女は涙を呑み込む。

離婚母子の決意を試す

小さな子どもを抱えた離婚母子の苦労の一つは生活費であろう。

そのことを尋ねると、独身時代に通訳の仕事をしていたという彼女は、当時の伝手《つて》ですでに再就職先も決めていた。

理路整然と言い放つ彼女に、あえて離婚に反対する口ぶりで、私はいくつもの質問を投げかけた。

「ご主人はあなたや娘さんに未練があるのではありませんか？　離婚に応じないのではありませんか？」

家裁に調停を申し立て、夫からの養育費は要らない、代わりに娘の親権は母親が得るという方向で合意した、と言う。

「お子さんが大きくなって、父親のいないことを悲しむのではありませんか？」

揺れ動き、家族とも言えないような家庭形態をいつまでも続けることはかえってよくない、母親が気持ちを切り替えることで安定した親子関係を取り戻したい。きっぱりと言い放つ。

「離婚にご実家が反対では娘さんを預けにくいでしょう。フルタイムで働こうというからには、保育所も見つけなければなりませんしね。なかなか至難ではありませんか？」

市への申込みはすでにしてあり、なお職場近くの無認可保育所も当初は利用するつもりだと言い、その費用を払っても生活できるだけの給与は得られるという。

「これまで何年間も離れることのなかったご主人、別れてしまってから寂しいと感じる心配はありませんか？　もう愛着も何もなくなったと本当に断言できますか？」

終止符への勇気にエールを

彼女は、ふーっと一つ大きく息を吐き、呼応するようにそれまでピンと伸ばしていた背筋の力が抜けた。

今まで離婚に踏み切れなかったのは、自分が夫を失うことへの恐怖心からだったと彼女は語り始めた。借金を重ねる夫、それを許し努力して返済する良妻をやり遂げたかったと。

「本当は私が夫を必要としていたんです。だけど、もうこの悪循環を終わらせたいと思うようになりました。時間がかかったけど、この子を安心して眠らせてやりたいんです」

「今のお話を聞いてよくわかりました。あなたはここへ、ご自分の決意を話し、確かめるために来られたのですね。離婚の準備を整え、その後の生活の不安を払拭する用意もできる限り行い、後は気持ちの整理をするための場が必要だったのですね」

「辛い暮らしでも、毎日そこにいれば慣れてしまう。慣れてしまうと苦しみにも愛着ができてしまう。ここに変化を呼び起こすのは並大抵の力じゃありませんよね。でも、あなたは勇気を持って踏み出そうとされている。今日、ここまで来られたのがその第一歩ですよね。頑張ってください」

「……病気かどうか、それはあなたがいちばんよくわかっているではありませんか」

もはや彼女のばら色の頬に伝う涙はなかった。

そして、膝の上の娘さんの笑顔は、バラが咲いたように輝いて見えた。

実習生の大ちゃん

江上君は、都内の大学で社会福祉を学ぶ学生である。

彼の実習指導の依頼を受けた時、私はその大学名から、スマートないわゆるかっこいい男子大学生をイメージした。

しかし、オリエンテーションに現れた彼の風貌に、正直言って落胆させられた。スウェットにトレーナー、それも今どきの若者らしく、裾を引きずっていてだらしない。うんざりしながら、私は病院の特徴や実習中の注意事項の説明を始めた。

人とどう向き合えるか

ＰＳＷが国家資格化されたことで、実習生の受け入れ依頼は年々増えている。当初は気合を入れて引き受けていたが、そのうちどれだけエネルギーを節約できるかと工夫を凝らすようになった。そうでもしなければ、本分の業務に支障が出る。

かくしてオリエンテーションは、パンフレットを作り、実施日時を指定する。こちらで提供できるプログラムをあらかじめ提示し、併せて実習で学んでほしいところも明確に伝える。「資格マニア」はお断りとはっきり言う。

そうして、ハードルも高くし、「近くて通いやすいから」とか、「日程がちょうどよいので」といった、安易な理由で実習生を配属してくる困った大学や専門学校の侵食を阻むようにした。

その意味では、江上君は折り紙つきの学生だった（はずである）。

実習生の多くは、実習に入るまで精神障害者を知らない。いや、名称や病名は学んでいるし、それぞれの漠然としたイメージを持ってはいる。

しかし、直接会ってこそ何かが始まる世界。私はまず、実習生が「自分なりの」仕方で彼らとコミュニケーションを取ることを求める。

それはかつて私が、はじめて精神科病院で実習した際、もちろん当時は精神保健福祉士という国家資格はなかったので、今とは状況がだいぶ違うものの、二週間にわたって体験した実習プログラムに、少なからず影響を受けたからだろう。

しかし、これにはそれなりの根拠がある。

まずは「個人として」人とどう向き合えるか、ということを感じてほしいのだ。

さらに、その「感じ」をいかに自覚して言葉にできるか、国語力の問題ではなく、いかに自分の気持ちと向き合えるかということだ。それなくしてはＰＳＷという仕事は成り立たない。


このプログラムについては、実習生の評判は二分される。

「いちばん勉強になった」という声は、そこから内省し、チャレンジを繰り返し、変化する自分の成長を感じることができた学生である。

一方「放り出されて困った」というのは、何か目に見える技術を試したくて実習に臨み、最後までその目標に固執した場合や、そもそも人と向き合えず、したがって己とも向き合えなかった学生だ。

ひたすら聴くということ

では江上君はどうなるだろうか、と私は興味を覚えた。

さりげなく様子を見ていると、それなりに利用者とも会話をしている。一応は（と言っては失礼だが）、真面目な顔をして頷きながら話を聞いている。

そうそう、「傾聴」っていうのを実行しているんだな、と私は思う。

彼らは「クライエントを理解する」ために、ひたすらその発言に耳を傾けるということを学んでくる。そして、実習だ。

相手が荒唐無稽な話をしようが、同じ話をぐるぐる繰り返そうが、無言で頷くのだ。微笑や興味深そうな目を演じながら——。

そのうちに「どうやって切り上げよう」とか、「早く食事時間にならないかな」とか思いながらも、そんなことを表情に出さないようにして、頷きを返し続ける。

徐々にその姿は上下に動くボードに見えてくる。利用者がせっかく語っている言葉は、そのボードの表面を上滑りし、あるいは跳ね返される。

ならば頷き人形でも置いておけば、と思う。

今、江上君を捕まえているのは、平井さんだ。

かつて社長秘書だったことのある彼女は、そのことにプライドを持っていて、その自慢話の鬱陶《うっとう》しいことと言ったらない。

私はいつも彼女が前方にいる時は、極力忙しそうな顔をして、足早に通り過ぎることを心がけていた。

たまにつかまってしまった時は、覚悟を決めてその自慢話に一通り付き合うか、さもなければ愛想笑いを浮かべて「すごいねー」と言って彼女の欲求を満たすか、と決めていた。

人の暮らしに踏み込む覚悟

――あー、江上君、頑張ってるじゃない。

何日目かに、相変わらず彼が平井さんのお喋りに付き合わされているのを見て思った。

たいていの実習生は、何回か平井さんに捕まると、その後は他の方とも話したいからとか、作業をやりたいからとか、適当な理由をつけて彼女を避けるようになる。

お昼休みで戻ってきた彼に尋ねてみた。

「平井さん、どう？」

「イヤー、難しいですね。何度も同じ話されちゃって。なんて返していいか、わかんないんですよ」

「そうだよね、毎回同じ話だもの。飽きちゃうでしょう。自慢話ばかりだしね」

で、どうするの？　と言いかけた私に、江上君はなかなか気になることを言ってくれた。

「自分がいることで、平井さんは話ができるけど、いなかったらどうなんですかね。他に話を聞いてくれる人っているんですか？」

「なんか見てると、あんまり仲いい人もいないみたいだし。他の職員さんも避けてるみたいで……。僕がいる間は話が聞けるけど、いなくなったらどうなっちゃうのかなとか、逆にずっといられないのに、こんなに話をさせちゃっていいのかなとか、迷いますよね」

「ううん、なかなかいいところに目をつけているじゃない」

と、私はついニッコリしてしまった。

「そうなのよ、江上君、あなた方実習生は、行きずりの人。そして、自分の目的のために人の暮らしの場に踏み込んで、影響を与えるだけ与え、いなくなっていく人。そのことに気づけることは大切なの。なぜなら、私たちの仕事は人の暮らしに少なからず影響を与える。でも、一生ついているわけじゃない。それに、どうしたいか一緒に考えたり、その実現に向かって歩む道筋を考えたりするのだから、どうしたって、こちらの意見や感想も言う。何も影響を与えないなら、それは『かかわり』とは言えないでしょう？」

「だからね、江上君、あなたがそうして、ひとときのかかわりで影響することの意味を考えてくれるのは、とっても大切なことなのよ」

と、私の語調にも熱がこもる。

実習の二週間目、どうしたいか話し合うことになっている。

江上君は、果たして平井さんと、もっと話してみたいと言うだろうか。私は彼の根性というか、やる気と言うべきか、そういうものを試してみたい気持ちで尋ねた。

返事は期待どおりだった。

そして「大ちゃん」の二週間目が始まった。いつしか私は、彼をファーストネームで呼ぶようになっていたのだ。

対話に意味を持たせる

彼の実習ノートの記載から、平井さんとの対話に何を感じ、そして何のために自分が話を聞くのか、その意味を探ろうとしていることがわかる。平井さんを知ろうともしている。実習生は、難しい立場だ。

何しろ、「自分の」勉強のためであるにもかかわらず、利用者から話を聞いてしまった以上、何か専門家めいたことをしなければならない（と真面目な学生であれば考えている）。現場で働くＰＳＷとは決定的に違うのに、「らしく」あらねばならない。

反面、時には「なかま」としてとか、「同じ目線で」といった助言を指導者から与えられ、病気も障害も体験していなくとも、利用者と同じ立場に立つことを強いられる。どちらの立場にもなりきれない実習生という曖昧な状況を抱えながら——。

私は、「ＰＳＷとして考える」ことを求めるが、大ちゃんは果たしてどうするだろう。そして、どうしたいのだろう。

昼食が始まると、どんなに対話に熱中している人でも、さーっと話を引き上げてしまう。実習生は、このタイミングでその場を去ることが多い。人が食事している間、ただ突っ立って見ているほど所在ないこともないだろう。

しかし大ちゃんは、まさに所在なく立ちつくし、平井さんの食事中を過ごす。そして、食後のおしゃべりを再開する。ここからはエンドレスになり、彼は何度か昼休みを取るタイミングさえ逸してしまった。

ある日の実習ノートの記載に、私は赤ペンを持つ手を止めて感じ入った。

『……一時間ほど話したところで、Hさんが〝江上さん、いつも私の話を聞いてくれてありがとう〟と言って、握手して話を終わらせた。いつも自分からHさんの話を切ってしまっていたので、はじめてHさんから先に立ち上がってくれたことに驚いた。……』

自分を使ってプロセスを共有する

平井さんから、私にはついぞ言われたことのないメッセージだった。

いつもいつも、彼女を鬱陶しく感じ、それを態度に出して憚らず、私はおざなりの言葉しか返してこなかった。悪いが、それほど意味のある会話とも思えなかったし、聞く意味を見出せなかった。

何より驚いたのは、平井さんがこうした言葉を発せられるだけの、人の態度から気持ちを測ったり、それに呼応したりできる人だったことだ。彼女も満足するということを知っていたのか、と思った。

大ちゃんはそれだけ平井さんとの対話に時間をかけたけど、私には、忙しくてそんな時間はないという言い訳もある。

実習は「いいとこ取り」の面があるから、現場で働けば必ずや追われる雑務やら、会議やら、来客、電話など、無数の妨げものに煩わされることなく利用者と向き合う時間を与えられる。

しかし、そこで真に向き合い、「話を聞いてもらえた」と利用者に実感してもらえるかかわりは、ただ時間さえかければよいということではない。特に、しつこいばかりで希望の汲みにくい、あるいは話題の乏しい人なら、なおさらだ。

大ちゃんは、ただの〝頷きボード〟にはならず、きちんと自分を使って、つまり意見や感想も平井さんに伝えていて、平井さんが何かを思ったり考えたり、そして言葉にする場を作ることや、そのプロセスを共有していた。

だからこそ、平井さんはうれしかったのだろうし、満足もしたのだろう。彼女が、話を中断されずに、自分から切り上げるという快挙に及んだのは、満足のゆえに違いないのだ。

私が実習生から学び直した、ＰＳＷのかかわりの大切な姿勢である。

彼は今、私にとって頼もしい後輩ＰＳＷとして働いている。その誠実な姿勢は、雑務に追われる身となった今でも変わらない。

頑張れ、大ちゃん、と私はエールを送り続ける。

無論、大ちゃんだけでなく、実習という場を通じて出会い、その後ＰＳＷ仲間となったすべての元実習生に対して――。

Ⅳ　感謝

「ありがとうございました」

一仕事終えて、こう言われることは、少なからずある。

その人の望む暮らしの実現が、ＰＳＷの仕事の究極の目標である。自分には何ができるか、もっとできることはないか。何とか役に立ちたいと工夫をこらしたり、偏見をなくしたいと声高に叫んだりして、私はここまでＰＳＷであり続けてきた。

そして、喜びや辛さを体験しながら、成功と失敗を繰り返しながら、立ち止まり振り返りながら、やがて気づく。

あなたのひたむきさや率直さ、優しさや強いこころに触れさせてもらえたことの意味に。

その生きざまから自分が学んだことの尊さに。

いただいたものは、私が今後出会う人たちに、ＰＳＷという仕事を通して返していこう。

本章では、こころの中の日だまりとなって、今も私たちを支えてくれるエピソードを刻み、独りよがりを恐れずに「私」を語らせてもらった。

まさしく、「ありがとうございます」の想いを添えて――。

バットは振り続けなければ…

「バットは振り続けなければ当たらない」

アメリカからやって来た精神障害当事者活動のリーダーが言った言葉だ。

バットを振らずに、ただホームベースに立っているだけではヒットは打てない。つまり障害があるから、病気があるからといって何も行動を起こさなければ、その人には何の変化も起こらない。

この、ニューヨークから来た大男の言葉は、如月さんに大きな勇気を与えた。

それからの彼女は、変わらずバットを振り続けた。

障害を開示せず繰り返す挑戦

如月さんは病院のデイケアを経て、就労移行支援施設[*1]に来て二年目が過ぎていた。

傍目には几帳面過ぎる性格が少し気になったが、あとは事務能力も高く、パソコンをブラインドタッチですらすら入力する姿は、すぐにもＯＬとして通用しそうな印象だった。

しかし、彼女の就職活動は困難を極めた。

書類審査で通っても、面接で落ちるというパターンを幾度となく繰り返していた。原因はわかっていた。

彼女は普段から、呂律が回らなくなる抗精神病薬[*2]の副作用に悩んでいたが、緊張するとこれに吃音も加わり、極端に舌が回らなくなった。

そのため面接官の印象を悪くし、結局採用とはならなかった。

当時は、バブル後の不況が続き、失業率が高かった時期でもあり、また精神障害者は障[*3]害者雇用率に算定されておらず、障害を開示して仕事を探すのは至難の業と言われていた。

彼女は障害を開示せずに応募していたので、もちろん面接官は薬の副作用など知る由もなく、

「何かおかしいしゃべり方をするので、電話対応ができないのでは？」

と、面と向かって言われたこともあった。

私も正直この喋り方さえ何とかなればと思い、本人の同意を得て、主治医と薬の調整ができないものか話し合ってみたが、現在服用している抗精神病薬の効果が高く、副作用止めの薬も処方しているので、これ以上は難しいという結論だった。

そんなある日、ニューヨークにある精神障害を抱えた当事者グループ組織のリーダーが、S就労移行支援施設を訪ねてくることになった。

メンバー、スタッフ皆で精一杯のもてなしを考え、ささやかな交流会を催した。以後、そのリーダーは何度もこの施設を訪れることになる。

その交流会の席で、彼が皆に向かって発したメッセージが冒頭の言葉である。

私は、その前向きに物事を捉える思考方法に大いに刺激を受けた。そう、まず本人がやろうと思わなければ、事は始まらない、周りのできることには限界があるのだ。

＊1　就労移行支援施設：一般の企業等での就労を希望する障害者を対象に、知識・技術の向上や職場実習、就労後の企業訪問などの支援を行う施設。
＊2　抗精神病薬：統合失調症などにおける幻覚や妄想の治療薬。脳内の神経伝達物質に作用する。
＊3　障害者雇用率：雇用主に従業員の一定比率以上の障害者雇用を義務づける制度。一般企業は一・八％。

私以上にその言葉に感化されていたのが、如月さんだった。

ただ「支える」のではなく

その頃如月さんは、事務職を希望し、十社近くの会社で不採用通知を受け、自信をなくし落ち込んでいた。さらに四十歳を目前にした彼女は、求人欄にある四十歳以下という年齢制限にも焦りを感じていた。

その焦りが、さらに面接での緊張を煽るという悪循環の中で、やがて、

「もう私は就職するのは無理かもしれない」

という弱気な言葉が口をつくようになった。

私は、そんな如月さんの思いに耳を傾け、時には一緒に落ち込み、時には励ましながら面接の練習を行うなど、なんとかモチベーションを維持しようと支えていた。

しかし、支えるといっても自分の言葉にどこか無力感を感じていたのも確かだ。

福祉の仕事とは、一般にはお年寄りや障害のある人など、弱者の手となり足となり、その人ができないことを補う補助的な役割を担うというイメージで捉えられているように思

う。

確かにそうした側面もあるのだが、本質的にはその人自身がどのような生活を送りたいのか、そしてその生活に近づくにはどうしたらよいのかを一緒に考え、できないことを代理で行うという発想ではなく、できることをどう伸ばすか、できないことができるようになるにはどうしたらよいかを考えようというものだ。

如月さんの場合もそうだった。

如月さんにはどうしても就きたい仕事があり、本人もそれを叶えるために努力を惜しまない。が、面接に行く度にはじかれる。その理由もわかっていた。

そこで一緒に対策を練ることにした。

ロールプレイという実際の場面を想定しての練習も行った。しかし結果はついてこない。

あとは、社会に訴えかけ、精神障害者を雇うように企業に働きかける、国に制度を改善するよう働きかけるなど、社会や環境にアプローチする取組みもソーシャルワーカーの重要な機能だと言えなくはない。

が、しかし、障害を開示せずに働くことを希望している以上、あとは本人の力を信じるしかないのだ。

そんな折、あのリーダーの言葉が如月さんに力を与えた。

就職はゴールではない

こうして如月さんは、その後も面接を受け続けた。

そして最終的には、自ら障害を開示し、念願だった事務職に就くことができた。

誰かに仕事をあてがわれてするのではなく、自ら企業を訪問してアピールし、自分の力で就職を勝ち取ったのだった。

その報告をしてきた時の、如月さんの電話の声が今も忘れられない。

興奮を抑えながら、しかしうれしさが溢れ出るかのような、ゆっくりとした口調で、

「……相田さん、……受かりました」

と、告げてきた。

私は、思わず、

「如月さん！　よかったぁ！」

と、大きな声を張り上げた。

周りの皆もそれを聞いてわかったらしく、期せずして拍手が起こった。

私はあまりのうれしさに、何も言葉が出ず、

「よかった、よかった、本当によかった！」

と繰り返すのが精一杯だった。

電話の向こうから、微かに如月さんのすすり泣く声が聞こえた。


最初から、障害を開示して就職活動をしていればよかったとは思わない。

彼女にとっては、あの面接を受け続けた日々があり、あの言葉に出合ってバットを振り続けたことにこそ大きな意味があるからだ。


就職はゴールではない。

それからの如月さんは、施設に籍を置きながら、週四日、朝九時から夕方五時まで働き、金曜日だけは施設に顔を出した。それが自分のペースだと会社にも理解をしてもらっていた。

しかし真面目すぎる性格が災いし、一度退勤した後再び仕事をしに戻ったり、休みの日も会社の仕事が頭から離れず、不眠がちで、緊張が解けぬまま月曜日に出社するようなことも珍しくなかった。

また、自分の考えを上司に何度も確認しに行ったり、いつも社内を走るように移動する点などが厳重注意の対象になることもあった。

私は会社や如月さんと話し合い、上司と如月さんの関係調整や双方の不安を取り除くために、毎月一回会社を訪れることにした。

訪問の折には、上司や彼女の話に耳を傾け、時にじっくり話し合い、時には何もせずに見守った。

同時に如月さんが施設に顔を出す金曜日に、二週間に一度、面接を続けた。

そこでは彼女の職場の同僚との関係づくりや後輩への指導の仕方、上司への態度など、さまざまな問題について一緒に悩み、考え、迷い、落ち込んだ。

一方、納期のある仕事をうまく乗り切ったり、時給が上がったり、上司に評価された時などは、共にそれを喜び、気持ちを共有した。

こうして、彼女の勤務する会社への訪問はその後も続いたが、次第に回数が減っていった。仕事も安定してこなせるようになり、最終的に四年間で訪問や面接は終結した。

力の限り振り続ける

彼女から教わったこと、気づかされたこと、元気をもらったこと、うれしい気持ちにさせてもらったこと、共に喜んだこと、楽しく飲んだこと、悲しんだことなどなど、これらすべては、彼女がバットを振り続けたからこそもたらされたものではなかったか。

そして私もまたＰＳＷとして、バットを振り続けたからこそ、その時間を共有できたのだ、と思う。

そして、私は今も、ＰＳＷとしてバットを振り続けている。

「精神に障害のある人たちが、悩み、失敗しながらも、自らの人生を自ら選択し、歩いていくために必要な支援」というバットを——。

これからも、力の限り振り続けるつもりだ。

如月さんは、その後も機会ある毎に、自らの体験を積極的に人前で語った。時には、百人を超える聴衆を前に滔滔と語ることもあった。

そのスピーチの度に、如月さんは、必ずこう結んだ。

「バットは振り続けなければ当たらない」

と——。

手紙

毎夕、響き渡る雄叫び

「ウォー！　ウォー！　ウォーーーッ！」

夕方になると、この犬の遠吠えのような雄叫びが院外にまで聞こえてくる。藤田さんの日課だ。


その病棟にはベランダがあり、患者さんにとっては外の空気を全身に浴びながらタバコを一服できる息抜きの場になっていた。

ベランダへは、食堂としても使われているホールと呼ばれる患者さん同士の集うフロアから、ガラスの引き戸を開けて直接出られるようになっていた。

奥行き一・五メートル、横幅十メートルほどで、デザイン柄の入った鉄格子が全面を覆い、飛び降りたりはできないようになっていた。

時折、鉄格子をくぐり抜けて忍び込んだ鳩が、コンクリートの床を歩いている。

藤田さんは、そのベランダの鉄格子を両手で握りしめ、外に向かい全身の力を振り絞って叫んでいた。

顔を紅潮させ、こめかみには血管が浮き上がり、目玉が飛び出さんばかりに目を見開いて、叫ぶ。傍目にも鉄格子を握る手に力が漲っているのがわかる。

その姿は、女子レスリング選手の父親が「気合いだー」と叫ぶ声以上に気合がこもっているように見える。むしろ、ハンマー投の選手がハンマーを投げ終わった後にする、あの一声の雄叫びに似ていた。

叫び終わった直後の藤田さんは、まるで格闘技の選手が試合を終え花道を帰って来る時のように、息を切らしながらガラスの引き戸を開け、ベランダから戻ってくる。

そして、ホールの椅子に座って一〜二分もすると、いつもの藤田さんに戻る。

普段の藤田さんは、タートルネックのシャツに赤いカーディガン、太めのパンツにサンダル履きという出で立ちで、顔は浅黒く頭は角刈りとくると、これはどう見てもチンピラ風、街で出会っても近寄りたくないなと思わせる風貌だった。

そんな藤田さんに、ある時、

「どうして叫んでいるんですか?」

と訊いてみた。

「すっきりするんです」

と、転んで欠けた前歯も気にせず、即座に答えを返してきた。

「なんというか……、気持ちが、とても楽になるんです」

しかしこのまま退院し、毎日この時刻に雄叫びを聞かされては家族もさぞ困るだろうと思い、重ねてこう聞いた。

「叫ぶのは我慢できないですか?」

すると、藤田さんは即座に、

「できませんね。叫ばないと駄目です」

と、断言するように言った。

見かけは怖そうだが、話すと子どものような笑顔になる藤田さんは、滅多に他人とケンカをすることもない。タバコが大好きで、タバコを持つ指と歯は黄色く変色していた。

私は藤田さんの笑顔が好きで、病棟に行くと格別用がなくても、必ず藤田さんに声をかけた。

すでに入院して一年が過ぎていたが、内心では退院はなかなかできそうにないな、と思っていた。

友に会うことを躊躇《ためら》う理由《わけ》

その藤田さんが、二年近い入院を経て、ようやく退院することになった。

父親を亡くしている藤田さんは、下町のアパートで母親と二人暮らしをしながら、日中は入院前に通っていた近くの作業所で働くことになっていた。

相変わらずのヘビースモーカーだが、夕方の雄叫びはぴたりと止んでいた。

「どうもありがとうございました」

いつもどおり腰の低い挨拶をして、両脇に荷物を抱え、母親と一緒に門を出て行った。

次に藤田さんと会ったのは、数カ月後、外来を通りかかった際、外来待合室で診察の順番を待っている時だった。

藤田さんはチンピラファッションから、季節柄Tシャツにハーフパンツという、カジュアルなスタイルに変身していた。が、どう見ても強面の顔には似合わないファッションだった。

元々の地の色なのか、日焼けのせいなのか判然としないが、色黒にもかかわらず健康的なイメージとは程遠かった。歯に付いたタバコのヤニのせいもあるだろう。

しかし、相変わらず人懐っこい笑顔で、

「こんにちはー！　お世話になりましたぁー！」

と挨拶した後には必ず、

「毎日、楽しいですぅー！」

と、日中通っている作業所での仕事ぶりなどを自ら進んで話してくれた。

ところが、入院中に知り合った友達に会いに行きたいという話になった途端、俄かにその表情が曇った。

その友達は彼の自宅からそう遠くない、電車で数駅の街に住んでいた。

藤田さんは、普段あまり見せたことのない深刻な表情でこう言った。

「でもなぁ……、僕みたいな病気の人間が会いに行ったら、迷惑がかかると思うんです。……だから、今は我慢します」

そう噛み締めるように言って腕を組み、視線を斜め下に落としながら、一つ大きな溜息をついた。

私は何と声をかけたらよいか戸惑いながら、

「気にしないで会えるといいですね」

とだけ言った。

その時私は、藤田さんが自分の障害について、あるいはそれが社会的にどんな偏見に晒され、友達に会いに行けばそのことが相手にどんな影響を与えるかに深く思いを馳せていることに驚いていた。

藤田さんと言えば、病棟で雄叫びをあげるイメージをすぐに思い浮かべ、相手に対しこんなにも深く優しい気持ちになれる人であることを、その時まで知らなかった。

が、藤田さんは、また元の人懐っこい笑顔に戻ると、

「いつか会えると思うんですぅー」

と、明るく言い置いて帰って行った。

闘病と、そして生活への愛着と困惑と

そんな藤田さんが、神妙な面持ちで外来の相談室を訪れたのは、さらに数カ月が過ぎてからだった。

私は前回会った時の藤田さんを思い出し、その表情から何かよからぬことでも起きたのかと思った。

「これを読んでほしいんです」

と、おもむろに取り出したのは、チラシの裏か何かで作ったのだろうか、縦十センチ、横六センチほどのメモ用紙だった。

そこには四ページにわたり、たどたどしい文字がびっしりと並んでいた。

ところどころ誤字や判別困難な文字があり、正確には読めない箇所もいくつかある。

私は、少し緊張気味に、

「……読ませてもらいます」

と言ってメモ用紙を受け取った。

そして、途中何度も詰まりながら読み進めた。

読み進むうちに、いつもの藤田さんの言動からは想像もできない強い思いの溢れた文章に触れ、前回にも勝る驚きと、今の今まで藤田さんの中にこんな思いがあることに気づこうともしなかった自分が恥ずかしく、顔から笑みが失せていくのを感じた。

それは、藤田さんの主治医に宛てた手紙だった。

『先生こんにちは。薬は一カ月分をもらいました。

いろいろな一カ月がありました。

薬のまない方が調子いいだの薬をやめた場合気分が調子いいだのと思いました。

いまはちゃんと薬をのんでいます。

やっぱし薬は一カ月分もらうより二週間分の方が先生にすぐあえますし、ちょっとの方が二週間分の方がすぐ病気のほうこくがすぐはなせるしいいと思います。

毎日作業所いっててもただ仕事やるだけでなんの変化もなくつまりません。

もっと変化がある生活がしたいと思います。

タバコはすいすぎたりジュースをたくさんのんだり、最近酒をのみたくてしょうがありません。

それで酒をのむとすぐぐあいがわるくなってしまいます。

また作業所からかえってきてもすることがなく、ちょっともおもしろくありません。

テレビを見てもおもしろくありません。

このまえCDラジカセをたのんで早くくるのがたのしみでなりません。

休みの日でも、おふくろがお金をくれなく、なにをしていいのかわかりません。

もっとじゅうじつした生活がしたくてなりません。

……なんでこんなに病気もって生活しなければならないのかとつくづくいやになってし

ようがありません。
もっとむねをはっていろいろなたのしみがあって、生きたいと思います。
先生どうかわたしをすべてのすくいと《（ママ）》病気をなおして下さい。
二十三才時病気になりもう二十年を薬をのんでいます。
その二十年をどうかむだのない結果をあたえて下さい。
びょうきになってしようがありません」

読み終えて、私は悲しみとも無念ともつかない、何とも言いようのない思いが胸に溢れるのを感じた。必死に涙をこらえた。

私は、居ても立っても居られず、

「これを、コピーさせてもらっていいですか?」

と尋ねた。

「いいです。どうぞ、ぜひお願いします」

と、藤田さんは逆に頼み込むように、真面目な表情で言った。

そこには、藤田さんの二十年にわたる闘病生活についての思いと、今の生活への愛着と困惑の相半ばする思いとが、藤田さんにしか語れない言葉で綴られている。

今思えば、あの病院のベランダで繰り返された雄叫びは、藤田さんの二十年間にわたる病気との闘い、闘争の凄まじさを表現していたのかもしれない。

そしてＰＳＷとしても経験の浅い、まだ青二才の私に、人を理解するということはどういうことかを教えてくれたのかもしれない、と思う。

この手紙のコピーは、今も私の職場の机の中にある。

みんなのための優勝

夏樹君にはじめて会ったのは小春日和のすがすがしい季節で、同じ病気をもつ兄と一緒に毎月一回、日曜日に市が主催するグループ活動に参加してきた折だった。

それは退院したたばかりの人や、休日どこへも行くところがないという方などが十数名ほど参加して、さまざまなレクリエーションなどを楽しむ催しである。

時間の共有を躊躇《ため》う

背も高くハンサムな顔立ちの夏樹君と兄の二人はひときわ目を引く存在だった。それは彼らのたたずまいの美しさのせいもあったが、もちろんそればかりではない。

そこでは、子どもも高齢者も共に楽しめるようなゲームや遊びが毎回手を替え品を替え用意されていて、体を動かしたりおしゃべりしたりしながら数時間を過ごせるようになっていた。

彼ら兄弟も、たどたどしくはあるものの遊びやゲームに必死になり、無邪気に喜んでいるように見えた。しかし彼らのすらりとスマートなたたずまいを目の前にして、ここで今、まさにこの時間を共有していることを素直に喜ぶことには少なからずためらいを覚えた。

彼らと同年代の青年たちは今頃、携帯電話やメールでおしゃべりをし、バイクを乗り回し、あるいはデートを楽しんでいるのではないだろうか。

二人が今レクリエーションに没頭し、楽しそうな笑顔を見せれば見せるほど、複雑な気持ちになるのだった。


一方で、今ここに漸くたどり着き、こうして楽しい時間を持てているのだと思うと、これまでの辛い闘病生活を想像せずにはいられなかった。

グループ活動の最後に、お茶を飲みながらその日の感想を言ってもらった際、夏樹君はいみじくも、

「今日は病気になってからはじめて楽しいと思えました。こんなふうに笑ったのは久し振りです」

と話してくれた。短い言葉だったが彼らの思いを伝えるには十分だった。

偏見の残滓

しかし、私が楽しげな彼らの姿に些かのためらいを覚えたのは、「一般の青年」と「精神障害者」を対比して、どこから見ても「一般の青年」と変わらない彼らを「精神障害者」という枠に括ろうとしていたからだろう。

頭では誰もがなりうる病気であり、特別な病気でも障害でもなく、何も恥じるところなどないのだと理解しているつもりではあったが、やはり私の中にもいまだ何がしかの「偏見」の残滓がくすぶっていたのだ。

夏樹君はそれから数日後、一人で作業所を訪れた。

私は、あの時感じたためらいの気持ちとは裏腹に「楽しかったですね」と声をかけた。「はい」とうれしそうな返事が返ってきた。

やがて彼は、ここに来るまでの経緯を淡々と話してくれた。

父親を早く亡くし、兄が親代わりになって育ててくれたこと、今は母親と兄と三人暮らしであること、高校卒業後は東京の専門学校へ行ったが本当は大学に進学したかったこと、発病して入院した先があまりよい病院ではなく、病状もまったく改善しないまま実家へ戻ってきたこと、実家近くの大里病院で診てもらったところ担当の先生からは入院の必要はないといわれたことなどを、一言一言、丁寧に紡ぐように説明してくれた。

そしてしばらくは、以前から保健師さんに勧められていた作業所にも行く気になれなかったのだが、何もせずただ家にいても仕方がないので参加した、と付け加えた。

薬の副作用のせいか時折震えるように首を横に揺らしながら話す姿にも、彼の誠実さが滲み出ているように見えた。

ある年の地元のお祭りの折、施設で作った作品を販売する売り子として夏樹君が手伝ってくれたことがあった。元気に声を出していたはずの彼が、ふと気がつくと後ろの方に一人ぽつねんと座り込んでいた。

「疲れちゃった?」

「うん、ちょっと……」

「……そう……無理しなくていいからね」

「うん、実はね、……さっき、中学校の先生に会ったんだ。そしたら、『今ここに通ってるの?』と訊かれたから『はい』と答えたら、『何をしてるの?』って言うから、『内職作業などをしています』って答えたんだ。そしたら『なんで?』って訊かれてさ、……困っちゃったよ」

淡々と、静かな口調だった。

「その後ね、『障害者が通うところだよね?』とも言われてさ、……なんか、落ち込んできたんだよね」

返す言葉が見つからなかった。

現実に直面しながら、そのことを受け入れようとしている彼の姿になんとか励ましの言葉をかけてやりたいとも思ったが、いずれどんな言葉も嘘っぽくなってしまうのは目に見えていた。

この仕事の醍醐味

ＰＳＷは、夏樹君のような精神障害者とさまざまな日常場面でかかわりを持つ。面接という部屋の中でのかかわりだけでなく、作業をしながら、ご飯を作りながら、あるいはご飯を一緒に食べながら、何気ない立ち話で、時には直接訪問するなどして、さまざまな生活場面の中でかかわっていく。

そこには、彼らしさがふんだんにちりばめられていて、ふとした会話やしぐさの中にその人の本当のニーズが隠されていたり、時には彼らの優しさや強さ、彼らならではの持ち味や魅力に触れることも珍しくない。そういう一瞬一瞬に確かに立ち会っていると実感できた時、この仕事をしている醍醐味が湧き上がってくるのを感じる。

夏樹君が作業所に通うようになって半年ほどすると、昼食の後数人の利用者とともに散歩に出かけるのが恒例になっていた。散歩をしながら、草花を見て季節の話をしたり、昨日の晩御飯の話や最近お腹が出始めたという話など、話題は実にさまざまだ。

漫画を描きたい

ある時、彼はかつて密かに抱いていた夢について語った。

小学生の頃から漫画家になりたいと思っていたこと、実はすでにいくつか描き上げている漫画があることなど、謙遜しつつも熱く語ってくれた。

夏樹君の中にそんな豊かな世界があったのかと、すがすがしい気持ちになった私は、やがてそんな彼の才能を生かせるような何かを探し始めたのだった。

そのチャンスは、思いがけず別の方向からやってきた。ある利用者から、施設が毎月発行するニュースレターに彼の四コマ漫画を連載したらどうかと提案があったのだ。

そんな声かけのできる利用者のセンスに私はうなった。

いかにも照れくさそうに連載を承諾した彼は、早速一週間後、オリジナルの四コマ漫画を持ってきた。

彼の人柄をしのばせるようなほのぼのとした「オチ」になっていた。

こころが温まった。

「しょうしい！　やめれ！」

三カ月ほどは順調に四コマ漫画の掲載が続いた。日々の生活の中にも何か「オチ」はないかと駄洒落ばかりいうようになり、彼自身とても楽しんでいるように見えた。

しかしある日、相談があると言うので訊いてみると、

「……僕は、あの四コマ漫画を……僕は一生描き続けなければならないんだろうか？」

「あら、突然どうしたの？　てっきり楽しんでいるのかなって思っていたんだけど……」

「最初はよかったんだけど……。実は、母ちゃんに見せたら、『こっけん＊しょうしい！　やめれ！』と言われてさー。なんか僕もしょうしくなってきたんだぁ」

「……そう……」

私はこの時、「しょうしい」という言葉の意味を聞き返すことができなかった。

＊「しょうしい！　やめれ！」：「恥ずかしいからやめなさい」という、とある地方の方言。

息子たちが精神病を患い、さまざまな苦労がありながら、地域の中で身を潜めるように暮らしてきた母親を思った。長い時間をかけて乗り越えてきたはずのものに改めて直面させられている彼の心中に触れる思いだった。

彼のそんな揺れる思いとは裏腹に、彼の描く四コマ漫画には全国から数多くの反響が寄せられていた。

「四コマ漫画、楽しく読ませてもらっています」

「オチに作者の人柄が表れていていいですね」

「毎月、楽しみにしています」

迷っていた彼も、これまでにない「やりがい」を感じたようだった。

その後、二カ月に一回の掲載に減らすなど紆余曲折を経ながらも、彼が施設をやめるその時まで四コマ漫画の連載は続いた。

みんなの優しさを知ったから

夏樹君は漫画連載と時を同じくして、中学時代から打ち込んでいた卓球を再開した。施設へ通っていることも、病気になったこともオープンにして、自ら意を決して地域の中へ飛び出していったのだ。

久しぶりに持つラケットやボールの感触、まだまだ昔の体には戻っていないものの日に日に上手くなっていく喜びを実感しているようだった。

自分が精神障害者であることをオープンにして、同級生とも会い、かつての卓球仲間とも語らう彼の姿は頼もしくさえあった。

こうして一年ほどが経った頃、彼は地域のある卓球大会で見事優勝を果たした。施設のみんなでその優勝を喜んだ。

「僕は、自分のために戦って自分のために優勝したんだけど、ある時から、精神障害者だってやればできるんだということをみんなに知ってもらいたいと思って戦ってた気がする。それはここのみんなに出会って、みんなの優しさを知ったから……」

精神障害者への偏見、差別の問題は、これからも私たち一人ひとりが直視しなければならない重いテーマだ。夏樹君と出会ってそれが乗り越えられたとは言えないにしても、まさに彼の生きざまに触れ、そのプロセスを共に歩む仕事に就いていることの喜びは何ものにも代えがたいものに思えた。

この小さな卓球大会での夏樹君の優勝は、みんなのための優勝と言うにふさわしい長く記憶に残る優勝となった。

施設を退所した今も彼は時折、「遠くの人にトークの日」と駄洒落を言って毎月十九日に電話をくれる。障害をオープンにして就職活動を熱心に行っていた時期があったが、やはり壁は厚く面接の段階で落とされてしまうことが多かったらしい。

それでも彼は、

「障害をクローズにはしたくない。障害は恥ずかしいことでも隠すことでもないから」

と、少しも揺らぐことはなかった。

今では高齢者施設のボランティアをしながら、英語の勉強に精を出し、時々は留学生に日本語を教える有償ボランティアの活動も始めたという。


夏樹君の駄洒落とユーモアはますます冴え渡っているだろうか——。

この村が好きだから

「この村が好きだから」――塩田聡さんが年に一度、県内の当事者家族が集う講演会で発した言葉である。

私はこの言葉を、聡さんとの面接の折々に聞いていた。

聡さんとはじめて会ったのは、聡さんが通う施設へ私がスタッフの一人として就職した時である。

聡さんは施設の内職作業で、指折りの技術を持つ職人として腕を振るっていた。それだけに同じ施設に通う利用者の信望も厚く、多くの友人に恵まれていることが新人の私にもすぐにわかった。

出会って間もない頃は、背が高くいかにもがっちりとした体軀の聡さんに話しかけられると、その野太い地声のせいもあって不思議と背筋が伸びるのを感じた。

頑なに「かかわり」を避ける

しかし就職当初、聡さんの方から声をかけてくることはほとんどなかった。むしろスタッフを、いや私という新参者の存在を警戒しているらしいことがありありと伝わってきた。

ある時私は、そんなことには何も気づかない振りをして、聡さんの真向かいに座り、職人芸ともいえる彼の手さばきを真似た。

時にはぴったり隣に座ることもあった。

私の仕上げたものなど到底聡さんのそれとは比べようもなかったが、聡さん自身そのことにはまったく関心を示さず、見て見ぬ振りをしているように見えた。

「そんなんじゃだめだ！　貸してみろ！」

とでも言われたほうがどれほど楽だったかと、今更ながらに思ったりする。

聡さんは、頑なに私との「かかわり」を避けているようだった。

ＰＳＷとして多少なりとも学んできた私は、この仕事を、利用者とじっくりとかかわる中で、その人がどんな暮らしをしていきたいのかを、その人に寄り添い、その人の決めたこと（自己決定）を尊重し、支援することだと思い定めていた。

しかしその時の私は、かかわることそれ自体を避けられるという、自分でも思いがけない事態に遭遇したのだった。入職早々、なすすべも持たない無力な自分の実像を突きつけられた思いだった。

昨日今日社会に出たばかりの青二才が、大の大人に向かって「支援してあげよう」「何か手助けしましょう」などと、奢った気持ちになりかけていたことへのしっぺ返しだと私は思った。

後で知ったことだが、その時聡さんは、「自分たちの仕事をとられる！」と思ったのだそうだ。まさかそんな風に考えているとはその時は想像もできなかった。

「僕も、みんなみたいに話してみたい」

そんな彼が、ある時、

「僕にも面接をしてほしい」

と言ってきた。

意外に思えて、とっさに、

「どうして？」

と聞き返してしまった。

面接と一口に言っても、その目的や状況はさまざまである。施設の中では利用者から声をかけてくることもあるが、それがうまくできない利用者には、必要があればこちらから積極的に声をかけることも少なくない。

面接の目的も、はじめての出会いで行うインテーク（受理面接）と呼ばれる面接もあれば、利用者と職員が一緒に、利用者自身の生活や人生の目標、そのためにこの施設をどう利用するかなどについて定期的に話し合う面接もある。

また、「今、落ち着かないの」「妄想が出てきて辛い」などといった、現在の苦境を凌いで情緒的安定を図るための面接、自己洞察を深めるためのカウンセリング的面接、家族に対する複雑な思いを吐露する場としての面接など実にさまざまである。

形にしても、たとえば面接室での一対一の面接もあれば、家族や関係者との合同面接、あるいは作業室や廊下などですれ違いざまに行う生活場面面接（ライフスペースインタビュー）と呼ばれる面接もある。

新人ながらもＰＳＷとして仕事を始めて数カ月ほど経つと、私にも定期的に面接する人ができ、時には作業の真っ最中に「今お願い」と言われて面接室へ一緒に駆け込むようなこともあった。電話での相談も日常化し、次第に作業室に留まる時間が少なくなっていた。

今回、聡さんが申し込んできた面接は、いわゆる面接室での一対一の面接だった。

とっさに「どうして？」と聞き返してしまった私に、彼はしばらく考えて、

「僕も、みんなみたいに話してみたいと思って」

と、答えた。

私の存在を認めてくれたのだろうかと一瞬喜びながらも、自信のなさからくる不安も手伝って、試されているのではという疑心暗鬼が同時に沸き起こった。

「今の施設でやっていく」

それからというもの彼の要望に応じ、二週間に一度のペースで面接を実施した。

それまであまり会話もしてこなかったせいか、彼の語る話のすべてが新鮮で、思わず引き込まれてしまうことも少なくなかった。

以前、彼ならば一般企業にも就職できるのではないかと思い、そういう希望はないのかと声をかけたことがあった。返事をもらうのに数週間を要した。

おそらくは、彼なりにいろいろ考えたのだろう。「今の施設でやっていく」というのが彼の選択だった。

面接では、その時の思いを改めて語ってくれた。

しばらく前、同じ作業所に通っていた仲間が、受注先の社長から「うちに来て仕事をしてみないか」と、声をかけられたことがあった。

その人はほどなくして仕事の忙しさや、大変な思いを共有する友人がいないことなども手伝って、調子を崩して再入院となった。

その後、聡さんにもその同じ社長から声がかかったが、よくよく考えた末にお断りしたという。

聡さんは、今ここでこうして仕事ができることがとても幸せだ、と言った。

障害年金とここの作業工賃を合わせれば、小遣いでちょっとしたデートも楽しめるし、時折甥っ子にプレゼントを買ってやることもできる、とうれしそうに語っていた。

「母の病」と家族への思い

またある時は、家族に対する思いを語った。

以前、入院しては退院し、退院するとまたすぐ調子を崩して再入院ということを繰り返していた頃は、本当に辛くて、思わず両親に「俺を死なせてくれ！」と叫んだこともあった。

その時、常々気丈な両親が見せた涙に、聡さんははっと我に返ったという。

今では、これまでどんな時も見捨てずに彼を支えてくれていた母親が病気になり、今度は聡さんが支え看病する番だった。

彼の母親は、小さな体ながら大変な働き者で、畑に田んぼにと数え切れないほどの仕事をこなし、長い間一家の食を支えてきた。

その母親が三年前にうつ病で倒れ、寝たきりになったため家事いっさいができなくなった。寝床まで食事を運んでやっと一口食べられる程度の弱りようだった。

こうして聡さんは、父親と一緒に、これまでしたこともなかった食事づくりや買い物をはじめとする家事全般から、病院への送り迎えや担当医から薬の説明を受けるといった役割を果たすことになった。

聡さんは、家族が一緒にいることの大切さ、家族が互いに支え合うことによって生まれる充溢感について語ってくれた。

ふるさと、「わが村」への愛着

時には、今住んでいる村への深い思いを語ったこともあった。

人口五千人にも満たない小さな村の、中心からさらに車で二十分ほど走った山のふもとに聡さんの住まいはあった。

日常的な買い物をするにも車で二十分はかかる。隣町まで足を延ばさなければコンビニ一つ見当たらない寒村だった。

春には村中が田植えに駆り出され、夏には雑草取り、秋には収穫、冬には三メートルもの雪に覆われる。しかし、それが当たり前の生活なのだと、聡さんは言った。

そして、窓の外に視線を向け、

「僕はこの村が大好きなんだ」

「こんないいところはないよ」

「この村に生まれて本当によかった」

と、呟くようにつけ加えた。

聡さんは若い頃、東京に出て仕事をしたことがあった。

空気も水もまったく違う異郷の地でこれまで経験したこともなかったストレスを感じながらも、人一倍まじめで働き者の聡さんは少々の辛さなど誰にも相談せず、ただ黙々と仕事をこなした。挙句、無理に無理を重ねて精神のバランスを崩してしまったのだった。

こうして彼は、この山懐のふるさとへ帰ってきた。

父の死と「私」の望郷

聡さんの村への熱い思いに触発されて、私もふと自分のことを振り返っていた。

東京で生まれ東京で育った私だったが、高校の頃は東京を離れたくて仕方がなかった。無論、当時は思春期でしかも反抗期、家から出たい気持ちも強かったが、いつの頃からか私の中には東京を毛嫌いする気持ちが根を張っていた。

彼が折々に話してくれる、「この村が好きだから」という言葉は、そんな私の思いを激しく揺さぶった。

なぜ私は、生まれ育った土地を「嫌い」になったのだろうか、「好き」とどうして言えないのだろうか――。
聡さんとの面接を繰り返すうち、自分自身への問いかけがやがて罪悪感にも似た気持ちに変質していくのをどうすることもできなかった。

地元へ戻った聡さんの中には、住んでいる土地を思う気持ちの延長線上に、家族や周囲への愛おしさが溢れ出たのだろう。

その土地の人に対する思い、自分の周りにいる人たちへの感謝の気持ちが、「この村が好きだから」という言葉に込められているように聞こえた。


そんな折も折、実家から私に「父、危篤」の報が入った。

それから約一年間、毎週末に故郷である東京へ帰り、家族と触れ合う時間を過ごした。

それまで、私にはほとんど理解の及ばなかった父が次第に身近な存在となり、家族もまた父の病状を心配し、残された日々を有意義に過ごすことにこころを砕く時間を持つことになった。

日曜日の夕方、家を出ようとする私を、父は決まって、
「もう帰るのか、明日の朝にすればいいじゃないか」
と、引き止めた。父の残された時間を考えると、まさに後ろ髪を引かれる思いで父の言葉を振り切り車を走らせるのだった。

家族のいる自分の故郷を「嫌い」だと言い募っていた自分が恥ずかしく思えてきた。もう一度、私の故郷、東京を見直してみようと思った。

父は、私が東京に戻る一カ月前にこの世を去った。

私は翌月から、あんなにも毛嫌いしていた東京に再び舞い戻り、新たな生活を始めたのだった。

見慣れていたはずの東京の風景が、これまでになく新鮮に映った。

風景だけではない、そこに生きる人々が、私とかかわる人々が、そして家族というものがどれほど大切なものか、と改めて思った。

私は、少しずつ変わろうとしていた。

新緑から盛夏まで

――私の前にあの新緑の日、倉川さんが現れたのは何かのお導きだったのだと、今でも信じています。

はじめて相談室のドアの前に彼が立った時、顔が青白くて黄色い、そう思った。夫を天に見送って一カ月ほど経ち、やっと職場では平静を取り戻した頃である。まだまだプライベートの暮らしには何の落ち着きもなかったが、仕事に行くことは私の生活にメリハリを与え、役割を持つことで自分の気持ちを立て直し、保つことができると願う思いがあった。倉川さんの人生に、ほんのひととき寄り添わせてもらったことが、私にとってどれほど大きなことだったか、そのことを私はどうしても書き残しておきたい。

この職場での私の仕事は、面接相談が中心で、その対象となるのは主として職場の人間関係や職責、やりがいなど仕事上の悩みがストレスとなり、うつ状態に陥った方たちの支援だ。職場調整や休職・復職支援、医療機関紹介、回復後のアフターフォローなどを担い、他にはメンタルヘルスに関する社員教育を年に何回か担当する。

このような来談者を対象としている中、倉川さんはまったく異質な存在だった。勤めて十年目にしてはじめて、というくらいに。

「不安」—不治の病を得て

倉川さんは、肝細胞がんを治療中のエンジニア。健康指導を担当する保健師からの紹介で、私との面接相談の場に足を運んできた。その足取りも重そうだった。

倉川さんの話からは、主治医から病状と治療に関する説明をしっかり受けていることがわかる。

それは、シビアな説明でもあった。

精神的な不安感の除去のために、自分で本を買い、こころのコントロールに努めているが、「自分は正常なのかどうか」を判断してほしい、というのが私への来談の意図だった。

そうした判断は私の任ではなく、こころの健康についてご本人の生活環境や希望、抱えている問題に即してお話を伺い、助言や情報提供と、ご一緒に解決に向けて方法を考えるのが私の役割です、と前置きをしながら倉川さんの言葉に耳を傾けることにした。

手術はできずに抗がん剤治療をしているので、白血球の減少と腫瘍マーカーの下降、そうした数字のせめぎ合いの世界に置かれている。生物学的に管理された体を抱えながら、人生の先行きに不安を持っていることが言外にも明らかだった。

多分、私の夫もそうだったに違いない。そして、どんなに抗ってもきっとこの人も死んでしまう……。

倉川さんと対峙しながら、私のこころは夫との闘病生活をなぞっていた。

お互いに言えない「真意」を抱えて

相談室での面接は、計三回だった。初回から三カ月、徐々に体力は衰え、出社はできても相談室のある建物までの移動は、かなりしんどそうな印象が濃くなっていた。

倉川さんとどんな会話をしていたのか、今はあまりよく思い出すことができない。

毎回、症状とそれにどう対処しているかを克明に話す倉川さんに、私は専門家ぶって、それもメンタルヘルスという、がん治療とは異なる領域の職業であるにもかかわらず、詳しいふりをして、もっともらしい言葉を返していたような気がする。

それは自分が冷静さを保つためであったのか、倉川さんに少しでも役立ちそうな情報を伝えたかったのか、それとも尋ねられたから知りうることを答えていたのか。

過酷な仕事だという実感だけは強く記憶に残っている。自身の個人的体験からくる悲しみを内包しているのに、それを微塵も表に出さず、毅然として来談者に対峙しなければならない、まるでお面をかぶっているような感覚と、そのお面の内側で打ち震えるこころを抱えていた。

が、この面接相談の目的は、倉川さんが話をしながら自身で病状を受け止め、やってきたいことを自覚し直すための場づくりだと考え、私はひたすら傾聴に努めた。

倉川さんは優秀なエンジニアらしく、特許をいくつも取っており、重要なプロジェクトの主要メンバーだった。職場の同僚が病気を知って親身に配慮や手助けをしてくれたことが、とてもありがたかったと涙を流す場面もあった。

「白血球が下がってしまったので用心している」「抗がん剤があまり効かないらしいので、別の薬剤を使うことになった」「副作用がきつくて食欲が全然ない、少しでも薬が効いてくれるといいのですが……」

こうしたことを口にする倉川さんに対する私の印象は、しっかりと病状を認識し、不安を抱えつつも冷静さを保っている人、というものだ。

けれどもそれは、必死の姿とも受け取れる。背を伸ばし、迫り来る何かから顔を背けているようで、とても痛々しい。もっと不安を言葉にして吐き出してはどうか。

その端緒をつかもうと、私は思い切って、

「死への恐怖はありますか?」

と、訊いてみた。

「まだ、そこまでは考えたくないんです」

笑顔さえ交えながら、闘病生活を語る倉川さんから返ってきたのは、意外な言葉だった。

しかし、これが本音だろう。意識しているが触れたくない、それはまだ、自分が死ぬであろう事実を近い将来のこととして受け止めていない証だと私は理解した。

「死ぬということ」の代わりに倉川さんが語ったのは、妻との馴初《なれそ》め、そして愛する子どもたちのこと。自分が仕事に情熱を傾け、深夜までの残業も厭わなかったこと、そのことを悔いてはいないこと、ただしそんなふうに仕事に没頭できたのは妻のお陰だと、ところどころ訴えるように語ってくれた。

淡々とした口調でありながら、言い残しておくことが使命だとでも言うように聞こえた。

私は、そのことを奥様にお伝えになったんですか、と尋ねてみた。

「言えませんよ、そんなこと。気恥ずかしくてね」

少し涙ぐんでいた。

家族への感謝と惜別の思いを、口にはできずとも強く感じている倉川さん。それをこの相談室で吐き出していくことは、いつかそう遠くない未来に、倉川さんが直接この言葉を妻に伝えるための準備なのだろう。

そうしながら、果たして夫はこういうことを感じていてくれたのだろうか、という思いに、私のこころのもう半分は占められていた。

「次回」の予約でつなぐ希望

最後に倉川さんが相談室に訪れたのは、梅雨明け間近の頃だった。

明らかに黄色い顔、そして苦しそうなゆっくりとした歩み。テーブルの向こうに腰かけたお腹は、案の定、痩せた顔つきに似合わず膨らんでいる。

ああ、もうここまできてしまったんだ、と私は思った。直視するには辛い相貌だ。夫の最後の日々とよく似ている。

この日、私は自分のことを話したい衝動に駆られた。

——倉川さん、私は、この春、夫をがんで亡くしたんです。

でも、これを今言うことは、仕事でここにいる私にふさわしい行動ではない。いや、この時の私にはそんな専門職としての立場云々よりも、今こんな話をしては、まだ生きている倉川さんの希望を削ぐことになる、その一心で踏みとどまったのだった。

倉川さんは、少し入院することになると思います、と言った。

入院したくはないけれど、お腹に水が溜まってしまったから、処置してもらって、自宅で療養してからまた復帰します、と。

「車椅子でもね、会社には来られるし。来れば仕事はできるから」

「職場の皆さんにも本当に助けてもらって、ありがたいですよ」

「それは、これまでの倉川さんの働きぶりや、築いてこられた人脈のお陰でしょう。ご自身の財産ですよ」

私はそんな言葉を返した。

復帰を信じなかったわけではないが、そんな日が本当にくるのだろうか、正直その姿を想像することは難しかった。

「妻が可哀想なんですよ。子どもの面倒も見なきゃならないし、もうすぐ夏休みだからね、僕のことばかりに手をかけさせるわけにもいかない」

「家族で山に歩きに行きたいんです。昔よく行ったんだ」

倉川さんはもはや、「自分はまだ正常でしょうか」とは訊いてこない。

状態が不安定なので一カ月を待たずにということで、次回の面接予約を二週間後に設定したのは、これまでと比べ小さな変化だった。それでも「次回の」予定を入れることは再会の約束であり、命をつなげることへの希望だった。

が、その約束の日、倉川さんは来談されなかった。入院中だったのだ。

出張面接―その内にある「私情」

いつもより早く面接者が引けた夕刻、私は、曇り空に車を走らせながら迷っていた。病院は、ここから三十分もあれば行かれる。

入院した倉川さんを見舞うことが、私にとってどんな意味を持つのか考えた。来談予定者が入院したからといっていちいち見舞いに行くのは、皆無ではないにしろきわめて稀なことだ。ましてや今回の面接相談には、特別な「私情」が絡んでいる。

専門職として望ましい行動か否か、しばし悩んだが、こころのままに行動することにした。

今、会っておかなければ、もう会えないかもしれない。私が倉川さんとの面接中にいつも考えていたこと、夫のこと、これを御礼とともに伝えなければフェアじゃないという思いが勝っていた。

倉川さんは思いのほか、元気そうに見えた。黄疸が取れて、面会スペースに案内してくれる足取りも入院前より軽くなっている。

私は来訪の目的を、「今日は予約されていたけど、入院中になったから出張面接です」と伝えた。

そして、ソファに腰かけ小一時間ほど話をした。

倉川さんは、いつものように病状と治療の経過を話す。私は黙って聞き、少し質問を挟む。来週には退院したいとのこと、それから月末には会社に復帰したい、半日くらいなら何とかなると思う、と。

そして、ぼそりと、

「母がまだ元気だから、自分が先に逝くのは可哀想なんです」

と言う。

倉川さんは、B型肝炎ウイルスの母子感染だったのだ。

「そのことで母を恨んではいません」

母親手製のベストを着込み、それを見せるようにしながら話す倉川さん、その目に涙が滲む。


辛い……。

病気は厳しい現実を突きつけて、有無を言わさない。その前にあっては何もかもが無力だ。医学の進歩も、宗教の力も、そして家族の愛情でさえ、まったく無力なのだ。

「お母様は悲しまれるでしょうね。でも、今おっしゃったことをお母様にも伝えておかれてはいかがですか?」

「それは言えませんよ。泣いてしまいます」

伝えたいけれど、口にできない想いを、倉川さんはたくさん胸に抱えていると感じた。せめて、ここで私に話すことで少しでもこころの錘が外れるといい、そうも考えた。

と、その時、私は思いがけない依頼を受けることになった。

「広川さんが話を聞いてくれていることを、妻にも話してあります。妻も大変だから、一度話を聞いてやってくれませんか？」

それは、とても難しい要請だと直感的に思った。健康管理センターでは、時として家族からの相談にも対応している。その意味では、この申し出はなんら不可能ではない。

しかしこの時の私には、いずれ近いうちに私と同じ境遇、つまり夫をがんで失うであろう倉川さんの奥様に、専門職として平静な気持ちで向き合う自信はとても持てなかった。

「そうですね、奥様もご希望されるようでしたら、一度相談室にお越しいただいても構いませんが……。夏休みはお子さんもいらっしゃるから難しいのではありませんか？」

これは、逃げ口上だった。私は倉川さんの奥様とはお会いできないのです、という気持ちを言外に込めた精一杯の返答だった。

その後、倉川さんからメールで、妻に話したら、いずれ必要があればご相談します、と言っていたと知らされた。私は、正直ほっとした。

聞くのは今しかない、最期の時の時

二週間後、私は再度、入院先を訪ねた。

今週は相談の予約をしていなかったけど、お見舞いです、と言ってベッドサイドに腰かけた。

二週間前とは違って、倉川さんはもうベッドから起き上がれない。上半身を少し起こし気味にし、肘で上体を支えるのがやっとの状態だった。

腹部から大腿部にかけて、痩せた顔からは想像できないくらい太って見える。決して太ったのではなく、明らかに腹水が溜まっているのだ。布団をめくって見せてくれた太ももは、パンパンに張りつめ、片足だけでウエストくらいの太さをしている。

「週末に、退院することになりました。もう治療することがないんです。家族とゆっくり過ごそうと思います」

「まだやりたいことはたくさんあるけど、仕方ないね。でも、自分はこれまで幸せでしたよ。仕事もやりたいだけやらせてもらえたし。家族にはちょっと悪いことしたかな」

「昨日は、妻が子どもたちを連れてお見舞いに来てくれました」

倉川さんは、とてもよくしゃべった。

か細い声、苦しそうな呼吸。配食が始まった夕方の喧噪に、その声はしばしばかき消されそうになり、私は何度も体を前に倒し、倉川さんに同じ話を繰り返させないように、必死で耳を集中した。

病室の窓からは、真夏の夕暮れの斜陽が、山の端に見えていた。

夫が最期の病床にあった時、実家から毎日訪ねてくれた私の両親に、彼は度々、「もっとお話ししたいことがあるんですけど……」

と、言っていた。

元気になってから聞くからいいわよ、と返す母にも私にも、「元気になる日」の姿はイメージできていなかったのに。

結局、彼は言葉を胸にしまったまま、そして私たちはそれを受け止めることもできないままとなった。

そのことを思い出し、私は、倉川さんの言葉を聞くのは今しかないんだ、と直感した。それはとても厳しい感覚だ。

しかし、この厳しさを乗り越え、倉川さん以上にたくましくあらねばならないと私は自分を奮い立たせ、その声をひたすら捉えようとした。

するとと倉川さんは、

「ここに葬儀のことや、お墓のこと、お世話になった上司や同僚の名前を書いておきました」

と、一冊のノートを取り出して見せてくれた。

葬儀の形態や職場の机の整理のこと、開発した製品に関する思い、奥様と子どもさんたちへの言葉……。

思いつくままに書き連ねたのだろう。極まってペンが止まったこともあったらしい。ところどころ文字は飛び、あるところは訂正が重ねられていた。

その中で、ひときわ目を引いたコメントがある。

『たとえ、母子感染の肝炎ウイルスが引き金で死ぬとわかっていても、生まれてきたかったと思う。理由は、素晴らしい仲間や家族、家庭にも恵まれたから』

こんなプライベートな述懐に、とてつもない重みを感じた。

しかし、すでにこの面接では「死」の話題はタブーではなく、身近なもの、話しておくべきことへと変化していたのだ。

これまでの過程を思い返しながら、私は言った。

「倉川さん、これまでの人生が幸せだったとおっしゃっているんですね。ご家族にもそのお気持ちを伝えておかれようとしているんですね」

「僕はね、家族の温かさを実感するようになったんですよ。一人でベッドにいても、一人じゃないって思う。そうするとね、もう死ぬことは怖くなくなったんですよ」

この言葉を聞いた私は、もはや倉川さんと私の間を隔てる「来談者」と「専門家」の線はなくなったと感じた。それは私の独りよがりかもしれないが、この線を超えても倉川さんは許してくれるだろうと思った。

遺された家族は二度と孤独にはならない

「倉川さん、私ね、この四月に夫を亡くしたんです。膵臓がんだし倉川さんより年上だから、いろいろと違うけど。でも夫も倉川さんが今おっしゃったみたいに、家族の温かみを感じてくれていたらいいなって、思いました」

「倉川さんが、こうして言葉を書き遺されることは、ご家族にとってもいちばんの支えになりますよ。そして、私もお話を聞けて本当に救われました」

ずっと胸に反芻していた言葉を、私はついに声にした。

予期せぬ告白をぶつけられた倉川さんは、

「知らなくて……、悪いことしちゃったかな」

と、困ったように顔を崩し、溢れ出る涙を拭った。

「家族を失う悲しみは言いようもないけど、死んだ夫はもう二度といなくはなりません。だから遺された家族は、二度と孤独にはならないんですよ」

「そのこと、倉川さんもきっと似たようなことを感じていらっしゃるんですよね」

と、かぶせるように私は言った。

涙の流れるままに、私たちの周りを時が過ぎていった。


週末、「退院しました。やはり家がいちばんです」というメールをもらった。

それからも二回、経過はまずまずと短いメールがあった。

最後のメールの翌日、ご家族に見守られ静かに旅立たれたと職場から連絡を受けた。

それは、お盆休みの明けた月曜の朝のことだった。

葬儀の二週間後、倉川さんの上司が来談された。

「自分の人生観について、広川さんに伝えてあるので聞いてほしい」

と倉川さんが書き遺していたので、ということだった。

あの最期の面会の日に語りながら見せてくれたノートのページだ。最後の行に、このメッセージが書き加えられていたのだった。

当初、倉川さんは、死への恐怖から「自分の精神状態が正常か否か診断してほしい」と言って来られたこと、そして、ご家族と育んできた愛情ある暮らし、その温かさを実感して心安らかに最期のひとときを過ごされたことなどを、私は上司に話した。

倉川さん自身のため、また遺されたご家族のためにもお伝えすべきことはこれだと確信して——。


結局、私はＰＳＷとして倉川さんに何かできたのだろうか。

むしろ、いただくものの何と多いかかわりだったかと思う。

ただ、倉川さんの抱えている、漠然としながらも時にはすべてを呑み込んでしまいそうな恐怖心や、その中でのさまざまな気づき、湧き出るその時々の感情に耳を傾け、共に恐れ、悲しむ、そのプロセスを一緒に歩んだことは、お互いにとってかけがえのない時間であり、思い出であり、倉川さんの命の重みとして私に伝えられたものではなかったかと振り返る。

――これを、少し差し出がましいかもしれませんが、奥様とお子様たちにお伝えすることが、私に託されたもう一つの役目でもあると感じ、奥様へ手紙を書きました。

死に逝く人のこころがあれほど穏やかであったのは、彼自身の生きざまによるのでしょう。そこに居合わせることができて、感謝しています、と添えて。

そして、今になって、私が倉川さんとのかかわりに耐えられたのは、やはり夫との暮らしがあったからこそだと気づきました。

蝉が盛んに鳴き、倉川さんの一周忌が近づきます。

自らの救いをも得た去年の盛夏のことを、私は静かに思い出しています。

ジャガイモの芽

その人は、生活保護のケースワーカーに付き添われ、二時間もかけて何の縁もない地の精神科病院に移された。

長年、一人暮らしを続けており、身内はまったくいない。

自宅で倒れているところを、ちょうど訪問した生活保護ケースワーカーによって発見され、救急病院へ運ばれた。しかしそこで、大声を出す錯乱状態となったことが、精神科への転入院の理由だった。

無力──沈黙を前に

中安さんは目が見えなかった。いや、見えなくなっていた。

糖尿病のせいなのか、栄養状態がひどく悪かったせいなのか、私は忘れてしまったが、それまで見えていた世界が真っ暗闇になってしまったのだ。どこにいるかもわからない状態、中安さんの混乱は当然のものだったのではないか。

私は最初、形式的に中安さんを病室へ訪ねた。

形式的、というのは新規入院者から、これまでのいきさつや、退院後の暮らしをどうしたいのか訊いておくのが当然の習慣だったからであるが、中安さんの場合、身体状態がひどく悪いと主治医から耳打ちされていたため、「退院後の暮らし」をイメージすることは困難だった。

よくて老人ホーム、あるいは老人病院、悪くするとこのまま看取ることになるだろうという見通しだった。


中安さんは目を閉じていた。それは、この世の希望を失い、すべてを拒否する意志の表れのようにも見えた。

今は、ＰＳＷである私が、目の前のクライエントと出会い、これからについて語り会うためのスタートラインに立つ、大切な出会いの場面だ。

しかし、中安さんの沈黙は重い。

型通りに質問することが憚られた。中安さんに「これからどうしたいですか？」と訊くことに価値を見出せない。

目を開ける意味のないこと、体が思うように動かないこと、お腹に力が入らず声にならないこと、そうした真っ暗な世界にたった一人で中安さんはいる。

訪ねてきて心配や励ましの声をかける人もいない。

ＰＳＷの無力を痛感する。

医師は検査所見に基づき点滴や薬物調整を行って、命をつなぐ努力をする。看護師はかいがいしくベッド周りを動き、あるいは機械的な動作で、中安さんの体位を換え、バイタルを計る。

それに引き替え、私は、中安さんの希望を訊かなければ、何も手出しができない存在だ。

中安さんが退院したいと言ってくれたら、一緒に退院後の暮らしについて語り合おう。難しくても方法を考えることだってできる。家族に会いたいと言われれば、何とか来院してもらう手立てをも講じよう。

しかし、目の前の中安さんは、何も望むことが許されない。

そう思うと（これは、実は私の思い込みだったのだが）、急に中安さんの姿が惨めに見えた。

この人はいったい何のために今ここに横たわっているのだろう。いくつもの管につながれ、何も見えない世界で、誰からも相手にされず、誰にも惜しまれていない。

そう、医師や看護師は皆、治療に専念してはいるものの、「もうだめだな」という態度が見え見えだ。

誰もあなたの死を惜しんではいませんよ、もう生きている意味がないんだから、そんな声が中安さんに届いてしまっているように感じた。

ＰＳＷの最後の仕事

数日後、私に一つの役割が与えられた。中安さんを運んできた生活保護ケースワーカーと、死亡時の対応について話し合う役割だ。

深夜や休日に中安さんが死んだら、どこに連絡をとって、誰が対応するのか、という確認。病院は死体を長時間預からない。

「ＰＳＷさん、早めに生保と連絡とっておいてよ、当直の時だと困るんだから」

と、看護師からどやしつけられ、重い口調を、極力事務的な言葉に代えて、私は電話をかけた。

何も問題はない。深夜であれ早朝であれ、生活保護受給者で身寄りのない患者さんが亡くなったら、親族の代わりにケースワーカーの指定する業者に連絡をとり、遺体を引き取ってもらえばよい。至って事務的な作業だ。

医療費の精算は後日になるが、公的機関がやることに間違いはないから、取りっぱぐれもない。慣れた看護師ならその程度のことは知っていて、別に私たちがせっつかれることもなかったが、今回は老人病棟に移ったばかりの看護師だったので、ちょっとヒステリックだった。

さあ、私の役目は終わった。中安さんが死んだって、私には事後報告しかないだろう。患者さんが急変しても呼ばれるのは医師であり、忙しくなるのは看護師だ。

中安さんはもうじき死んでしまうのだから、私はもう一緒に、どうやって生きたいか、ゴール探しを手伝うことはないのだ。

もう一度いのちに意味を

ケースファイルを片づける準備をしながら、私はその人生を思った。

もう七十歳を過ぎている。好き勝手に生きてきたのだろうか。なぜ一人暮らしだったのだろう。結婚は、仕事は……？

もちろん、ありきたりの情報は生活保護ケースワーカーから聞いて知っていた。だが、何の因果でその最期を、人生と無縁な精神科病院で、見知らぬ者に囲まれて迎えることになってしまったのだろう。

生まれた時はもちろん親もいただろう。喜ばれてこの世に迎えられたのではないか。成長するにつれて、無数の出会いと別れを通り過ぎ、その数だけさまざまに思いを巡らせ、こころを揺らして生きてきたのではなかったか。

その中に一人でも、中安さんとの出会いから何かしら影響を受けた人がいるとしたら？いないはずがない。中安さんと出会わなかったら、まったく違った路を歩んでいたかもしれない人だっているだろう。

今の姿だけで彼を判断してはならない。

中安さんはもうじき死ぬ。その前に、もう一度いのちに意味を与えなくては、今それができるのは私だ。いや、私にできるのはそれくらいのことしかない。

私はそのことに思い至ると、じっとしていられなくなった。


中安さんのいのちは、「今、ここに存在している」という事実に意味がある。それを伝えることで、なんとか中安さんにもう一度明かりを灯せるような気がした。

急いで病室へ向かった。

可能性の芽

相変わらず中安さんは目を閉じていて、苦しそうな息をしていた。

「中安さん、私です。ワーカーの広川です」

目を開けない。構わず私は話した。

「中安さん、ジャガイモ、食べたことあるでしょう？」

「食べるの忘れてると、芽が出ちゃうんですよね」

「昔聞いた話なんですけど、暗い部屋に置いてあるジャガイモでも、一筋の光が当たっていると、そこに向かって芽は伸びるんですって」

「人の可能性も同じじゃないですかね。もうだめだと思っても、真っ暗な部屋で一筋の光があれば芽は伸びる。中安さん、芽を伸ばしてほしいと私は思うんです」

「暗い部屋でも伸びる、ジャガイモの芽ですよ」


中安さんはうっすらと目を開けてくれた。

白く濁った目だった。周りも目やにでカピカピしている。

「くらい部屋に、……ひとすじの、光。……ひかりに、向かって、のびる……、ジャガイモの、め」

中安さんは、ゆっくりと、そう言った。

その目から涙が溢れた。

見えない世界を見ようとでもするように、中安さんの目は宙を泳いだ。目線の先に私がいた。

中安さんに私の顔は見えなかっただろう。しかし、その視線は、まっすぐ私に伸びていた。ちょうど、光を見つけて伸びるジャガイモの芽のように——。

中安さんはそれから三日後に亡くなった。最後に私が病室へ行った時、すでに意識はなかった。

この世に、無駄な生命は一つもない、いのちは自分だけのものではない。私はそう気づくことで無力感から救われた。

十年以上を経た今も、私のこころに、優しい銀色の思い出が残る。

それは、私の魂に明かりを灯して逝った中安さんの、この世で最後の贈りものだったのかもしれない。

Ⅴ　終章

エピローグ

ソーシャルワークとプロ野球

この頃、時折こう訊かれることがある。

「ソーシャルワークって、どんな仕事ですか？」

訊いてくるのは概ね実習にやってきた学生か、一日見学に訪れたボランティアや専門職である。

ソーシャルワーカーとは？

このソーシャルワークという仕事を説明することは、実はなかなか難しい。

なぜなら、ソーシャルワーカーの行っていることそれ自体が、業務を指しているわけではないからだ。

つまり、医者が行う業務は業務独占といって、医者しか行えない業務が規定されていてわかりやすい。

また企業で働く人の場合、概ね営業、人事、総務、事務、販売など、業務が明確に分業化されているのでイメージしやすい。

ところが、このソーシャルワーカーと名乗る人は、職種や職域が多種にわたり、それぞれ違う業務内容をこなしていることから、一言では説明できず、相手に伝えることが大変厄介なのである。

では、何をもってソーシャルワーカーと言うのか。

これもまた難しい問題で、一般的には社会福祉専門職の総称として用いられるが、つまるところ社会福祉の専門的活動の実践者ということになる。

しかし、それではいったい、具体的に何をしているのかがわかりにくい。

クライエントをバックで支える

そんな時、私は、よくプロ野球にたとえることがある。

ご存じの方も多いと思うが、野球では守備の際、いろいろなポジションに就く。その中で、支援を必要としている人、つまりクライエントをマウンド上のピッチャーだとする。

するとソーシャルワーカーは、そのピッチャーをバックで支えるさまざまなポジションにたとえることができる。

まずは、キャッチャーとして

まずは、クライエントつまりピッチャーの投げる球を最もよく受けるキャッチャーである。

その日のピッチャーの様子、つまり本人も気づかないクセやその時々の感情、集中力などをよく観察し把握していることが、よい女房役の条件である。

タイムを取ってキャッチャーがマウンドに行かない限り、この二人の間で会話が交わされることはない。

お互いの息づかいや仕草から、考えていることが即座に推察できるくらいの関係性が備わっていないと意思がうまく伝わらず、かえってストレスになりかねない。

さらに、対戦相手についても情報を集め、観察し、最善と思われる球種とコースをピッチャーに提示する。

それを選択するかどうかは、ピッチャーの判断である。ピッチャーがどんな球を投げたいのかサインを使って相談し、投げる球種を決める。

またピンチの時には、間をみてマウンドへ行き、一声二声、言葉を贈る。

時間が限られているから、決して多くのことは伝えられない。その場面で、ピッチャーが最大限の力を発揮するのに必要な二、三のキーワードを伝えるのである。それをぴったりのタイミングでやるには、日頃のコミュニケーションがものを言う。

次に、内野手として

次に内野手である。

キャッチャーを除き、ピッチャーのすぐ近くにいてピッチャーをバックアップする役目である。常に至近距離から、ピッチャーに励ましの声をかけ続ける。

ピンチの時には、ピッチャーを落ち着かせるため、素早く駆け寄って特別な一言を贈る。

そして、キャッチャーも含め、試合に勝ったときはピッチャーのもとへ駆け寄り、その健闘を讃える。

負けた時は、うな垂れるピッチャーの肩を支えながら、一緒に悔しがり、涙を流し、次回へのリベンジを誓い合う。

あるいは、外野手として

次に外野手である。

ピッチャーから遠くにいるが、後方で支え続けながら、声を張り上げてピッチャーを鼓舞する。

時に、人差し指と小指を使ったサインでアウトカウントをピッチャーに確認したり、相手バッターによっては、ピッチャーの投げる球に合わせてポジションを変えることもある。

時に、監督、コーチとして

また、ベンチにいるコーチや監督は、選手に知識や技術を伝える役割を持ち、監督責任を持つ立場でもある。

選手個々の性格や能力を把握し、どうすれば力を発揮できるかを常に考え続けていることが使命であり、練習では時に厳しく、時には共に喜ぶ。

また、どうすればチームが注目されるかも考えなければならない。

そして、力尽きたピッチャーにお疲れ様と声をかけ、勝利した時は戦った選手全員と握手し、最後にピッチャーを迎え、讃えるのも監督、コーチである。

しばしば応援団としても

もう一つ視点を変えると、プロ野球では各チームに応援団が存在する。

球場では、観客席、主に外野席に陣取り、試合の間中、応援を続ける。

特に守備の際には、声をあげ、旗を振って、ピッチャーを励まし続ける。いいピッチングをすることを祈り続ける。

自分たちはプレーヤーではないが、プレーヤーと共に戦っているかのように、全力で応援を続ける。たとえ負け続けても、選手を信じ、エールを送り続ける。

時には、まったく間接的に

一方、直接試合にはかかわらないが、間接的に見守っている人たちもいる。試合が行われる時間の遥か前から、グラウンド整備や道具の整備をするグラウンドキーパーは試合のために欠かせない存在である。ピッチャーだけでなく、選手がいいプレーができるように、その環境を整える役目である。

試合が成り立つためには、このほか入り口でチケットを受け取る係も必要だし、アナウンスを行うウグイス嬢や、スコアボードで試合の経過や試合に出ている選手を伝える係など、実に多くの役割が必要なのである。

なかには、試合を見ることはできないが、試合が成り立つためには必ず誰かがやらなければならない役割もある。

ＰＳＷは直接精神障害者と向き合うだけでなく、施設の運営や設立に携わったり、精神障害者の社会的復権に支障を来す法律制定に反対したりもする。この社会的な活動は、ソーシャルワーカーがソーシャルである所以でもある。

さて、ここまで野球の守備に関するさまざまなポジションとその役割について説明してきたが、今まであげたすべてのポジションとその役割は、ピッチャーであるクライエントが課題に取り組む際、ソーシャルワーカーが取るポジションや役割と重なるのである。

この時の対戦相手は、クライエントにとっては退院や就職等に向けての障壁にもたとえられよう。

取り組む努力、工夫を支える

また野球には攻撃もあり、バットを振って打つという行為をクライエントが何かに取り組む姿勢にたとえるなら、ボールを打つためにいろいろ工夫したり、努力したりすることを支えるのが、ソーシャルワークだと言えるかもしれない。

このように、私はしばしば野球にたとえて説明するのだが、これが結構時間がかかる。

それに理解してくれる人は、なるほどと頷いてくれるのだが、ここまで説明して、「私、野球のことはよくわからなくって……」

と、笑顔で返されることも……（少なくない）。

かくて、まったく福祉の知識を持たない人にソーシャルワーカー、あるいはソーシャルワークを説明するのは、意外に工夫の要る作業なのである。

厄介なことに、このソーシャルワーカーは、実践範囲を広げつつあり、従来の説明では事足りなくなってきているという現実もある。

決して「ジャッジ」はしない

ちなみに、野球にたとえた場合、一つだけ、ソーシャルワーカーが決してその役割を担うことがないポジションがある。

それは審判である。

ソーシャルワーカーは、クライエントが取った行為について決してジャッジすることはない。

尋ねられれば、自分の意見を伝えることはあるにしても、また行為に対して賞賛を送ることがあったとしても、善し悪しの判断を審判する立場に立つことはない。

それは、専門職として、クライエントとどう向かい合うかというスタンスの問題でもあるが、ジャッジはしないということが、ソーシャルワーク業務を行う際にはきわめて重要な意味を持ってくるのである。

この点が、医療系職種などの理系と言われる分野と大きく違うところであろう。医療系の業務には、絶対的な正解や間違いがあり、それが明確であることが求められるが、ソーシャルワークでは、一見間違ったことをしているように見えても、それがその人の状況にとってどのような意味を持つのかによっては、間違いではないと捉えることもあるからである。

その行為が間違いか間違いでないかは、その人本人が判断するのであって、ソーシャルワーカーは判断しないというスタンスで支援するのである。

このあたりも、一言では説明しにくいところであるが、明らかにソーシャルワークの価値と連動する部分である。

「ソーシャルワーカーって簡単に言うと、何をする人？」

この問いに答えることは、私たちに課せられた永遠の課題のようにも思えるが、そんな質問など一切されることがないように、世間一般に広くソーシャルワーカーが認知される日がくることを祈りたい。

本書がその一端を担うことになれば幸いである。

あとがき

構想から二年半を経て発行を迎える本書は、私たちにとってどのような意味を持つのだろう。または、この本を手にしてくださるのはどういう方たちで、いかなる感想を持たれるだろう(その前に売れるのか? という心配も少しある)。

私たちは、仕事上では守秘義務というものが堅く課せられており、業務中に知った情報をみだりに他者に語ることは許されない。反面、よりよい支援方法をめぐって関係者間で協議を重ねる時や、自らの能力を向上させるために、支援対象となった方のことやかかわってきた経過をレポートにまとめることを日常的に行っている。

今回の本書での試みは、こうした視点とは別の角度・観点からPSWとしての自分を振り返ることが必要だと考えた。なぜなら、紹介したいのは、私たちPSWとは何をする人か? 何を考えている職業か? ということだからだ。ところがこれは意外と難しく、主人公はPSWだと「まえがき」で述べているにもかかわらず、支援の相手である精神障害を持つ人々のことばかり書いてしまう。自分の実践やその時の感情を思い出そうとすると、浮かぶのは夏樹くんの顔であり、中安さんが辿ってきた人生である。そこに寄り添い、ともに悩み、励ましたり喜び合ったりした「私」を書くことは存外、難しかった。

ＰＳＷの仕事は、勤める機関・施設の種別によって、また同種機関であっても、その経営者や所属長の考え方によって内容には差違が生じる。同じ志を持ちながらも、それを具現化する時の業務内容には似て非なるものもある。となれば、周辺の方々は身近なＰＳＷを見て「ああ、こういう仕事か」と理解するだろう。本書がその理解の幅を広げることに役立つならばうれしい。

では、なぜＰＳＷの仕事を知っていただきたいのか。

私たちが支援しようとする相手は「精神障害者」と言われる方や、「こころに悩みを抱えて生きづらくなっている方」であり、こうした方々の支援には周囲の理解やかかわる者の根気などを含む、丁寧な支えが必要である。しかし、残念ながら日本ではこうしたことに割く労力を保障するすべは乏しく、制度も不十分である。今、しきりに言われるようになった社会的入院の解消も思うように進まないことの一端はここにある。

人は、誰でも自分に関係のある問題には目を向け関心を持つが、そうでないことにまで注意を向けるには限界がある。ましてや問題の存在自体を知らなければ関心の持ちようもない。私たちが今回、本書を通じて言いたかったことの一つは、あなたの知らないところで、あなたにも起こり得るような問題を抱えてあえぐ人がいること、そして、それを支援しようと奮闘する者がいることを知っていただきたい、ということだ。

そこから何が始まるか、それは開けてみなければわからない。私たちは自身の体験やそこに生じた思いを語るという方法で、今回その蓋を開けてみたかったのである。

何かを感じてくださった方が、どこかで、何らかの形で、私たちの仲間となってくださることを期待したい。

「脇役」の形でご登場くださった方々、ともに働いた職場の仲間、支えてくれた家族にも感謝するとともに、末筆ながら、本書企画案をくださり、筆の重い私たちを励まし続けてくださった、へるす出版事業部の中村尚氏には格別のお礼を申し上げたい。

著者代表　田村綾子

相川章子　あいかわ・あやこ
大正大学大学院人間学研究科博士後期課程修了。博士（人間学）。国立精神・神経センター精神保健研究所、精神障害者通所授産施設またたびの家PSW、地域生活支援センターMOTA所長等を経て、現在、聖学院大学人間福祉学部人間福祉学科教授。傍ら看護専門学校学生相談等を兼務。主な共著書に、『精神障がいピアサポーター』（中央法規出版）、『人間福祉スーパービジョン』（聖学院大学出版会）、『スーパービジョンの本』（河出書房新社）、『医療と福祉のインテグレーション』（へるす出版）等がある。

田村綾子　たむら・あやこ
明治学院大学大学院社会学研究科社会福祉学専攻博士後期課程満期修了。医療法人丹沢病院医療福祉相談室を経て、現在、聖学院大学人間福祉学部人間福祉学科教授。日立製作所情報・通信システム社ITプラットフォーム事業本部健康管理センター非常勤。傍ら公益社団法人日本精神保健福祉士協会副会長・研修センター長を務める。主な共著書に『人間福祉スーパービジョン』（聖学院大学出版会）、『精神保健福祉援助演習』（へるす出版）、『教員と実習指導者のための精神保健福祉援助実習・演習』（中央法規出版）等がある。

廣江　仁　ひろえ・じん
明治学院大学卒業。大正大学大学院博士前期課程修了。井之頭病院相談室、就労支援センターMEWを経て、現在、社会福祉法人養和会障がい福祉サービス事業所あんず・あぷりこ（就労移行支援、就労継続支援B型）施設長（管理者）。傍ら公益社団法人日本精神保健福祉士協会理事、鳥取県精神保健福祉士会理事を兼務。主な共著書に『市町村時代の精神保健福祉業務必携』（中央法規出版）、『臨床ソーシャルワーク事例集』（弘文堂）、『障害者自立支援法』『精神保健福祉の理論と相談援助の展開』『精神保健福祉におけるリハビリテーション』（以上へるす出版）等がある。

へるす出版新書

かかわりの途上で
こころの伴走者、PSWが綴る19のショートストーリー

発行日　2009年1月20日　第1版第1刷発行
　　　　2024年2月15日　第1版第6刷発行

著者　相川章子・田村綾子・廣江　仁
発行者　長谷川　潤
発行所　株式会社へるす出版
東京都中野区中野2-2-3　〒164-0001
tel. 03-3384-8035　fax. 03-3380-8645
振替　00180-7-175971

印刷・製本　広研印刷株式会社

ISBN978-4-89269-642-8
へるす出版ホームページ http://www.herusu-shuppan.co.jp